実務叢書 わかりやすい不動産の適正取引 シリーズ

改訂版

不動産取引における
重要事項説明の要点解説

編著：(一財) 不動産適正取引推進機構

巻頭言

　宅地建物取引業者（宅建業者）が、売主や媒介（仲介）者として、買主
や借主等に対して重要事項の説明を行う「重要事項説明制度」（宅地建物
取引業法（宅建業法）35条）は、不動産の適正取引を確保する制度として、
大変重要なものです。

　この重要事項説明制度は、昭和42年の宅建業法の改正で創設されたもの
ですが、例えば、当時は、法令に基づく制限に関する項目は、26項目に過
ぎませんでした。しかし、その後、法令改正に伴い、平成27年時点では、
128項目まで激増しています。
　また、宅建業者の説明義務違反が争われた民事の裁判例では、宅建業法
に列記された項目だけでなく、売買等の意思決定に重要な影響を及ぼす事
項等について、幅広く説明義務が認められるようになってきています。

　このような状況の中で、宅建業者、宅地建物取引士、宅建業者の従業員
等は、日頃から、法令改正や裁判例の蓄積等を踏まえつつ、重要事項説明
に関する知識を身に着けておくことが不可欠となっています。

　重要事項説明に関する書籍は、業界団体等が出しているガイドブック等、
様々なものがありますが、本書は、特に、あまり類書がない入門書的な書
籍を作ることを念頭において、作成されています。
　本書を読んで頂いて、全体像を理解した上で、より詳細な書籍により、
知識を拡大していって頂ければと存じます。
　また、本書は、宅地建物取引業（宅建業）に関わる方々だけでなく、不
動産取引をお考えの消費者の方々、不動産取引に関心のある方々にも参考
になるものと考えています。

　本書により、読者の方々の重要事項説明制度に対する理解が深まり、我
が国における不動産の適正取引のさらなる推進や、宅建業の信頼産業とし
ての地位のさらなる確立に、寄与するところがあれば、幸いです。

なお、本書の第1版発行後に水害ハザードマップ、民法改正（契約不適合責任）、売買における IT の活用に伴う変更がありましたので、今般、改訂版の発行を行うことといたしました。読者の方々の一層のお役に立てましたら幸いです。

令和3年8月

（一財）不動産適正取引推進機構 調査研究部

改訂版
不動産取引における重要事項説明の要点解説

目　次

第3章　法令に基づく制限

第8章　既存住宅の説明事項
（建物状況調査、建築・維持保全の状況に関する書類の保存状況）

参考法令等

序章

重要事項説明とは

1 重要事項説明の意義

　不動産取引の対象となる不動産については、動産に比べて、以下のような特徴があります。

① 　不動産は、価格が高額であったり、生活や経済活動の基盤であるという点です。個人にとっては、一生に何度とない大変大きな取引であり、また、事業者にとっても、宅地建物取引業者（以下「宅建業者」という。）は別として、それほど頻繁に行われることのない重要な取引です。

② 　個々の不動産の特性（個別性）が極めて強い点です。区画、形質、地積等は千差万別であり、同一のものは一つとしてありません。動産のように、商品の規格化を図ることができないものなのです。

③ 　不動産に関する法的規制が極めて多い点です。国土利用計画法、都市計画法、建築基準法、土地区画整理法、農地法、宅地造成等規制法など関連する法令が多く、種々の制限を受けています。

④ 　不動産に関する権利関係が複雑な点です。担保に供されることも多く、また、場合によっては登記記録が権利関係の実態を表していないこともありますが、そもそも我が国の登記には、登記が間違っていた場合に、その登記を信じて購入した人に権利を認めるという「公信力」がありません。

⑤ 　不動産に関する取引条件が複雑な点です。工事完了前の売買、他人物、共有物の売買もあり、ローン、買換え等の成立を条件とすることもあります。

　以上のようなことから、不動産取引をめぐっては、トラブルが発生することも多く、かつ、そのトラブルは損害額等が大きくなることから、深刻なものとなる傾向があります。

　このため、宅地建物取引業法（以下「宅建業法」という。）では、トラブルを防止し、消費者等を保護する最も重要な制度として、重要事項説明制度（宅建業法35条）が設けられています。

　重要事項説明制度は、不動産取引の特性にかんがみ、宅建業者に対して不動産取引に当たって、専門的な知識を有する宅地建物取引士から、取引をするか否かの判断をする上において重要な影響を与える事項について、

書面を交付して説明させる義務を課し、誤った判断に基づく取引を防ごうとするものです。

② 制度創設・改正の経緯

　宅建業法は、昭和27年制定当初から、宅建業者が「重要な事項について、故意に事実を告げず、又は不実のことを告げる行為」を禁止していました（18条1号、現行47条1号）。しかし、取引に関し専門的な知識を有する者の設置を義務付けていなかったので、宅建業者の取引に関する知識の欠如による紛争が多発しました。

　そこで、昭和32年に宅地建物取引員制度が設けられ、昭和39年には宅地建物取引主任者に改められました。しかし、前述の禁止規定は、包括的な規定であるため、個々の行為が該当するか否か不明確な点があり、依然として紛争が絶えませんでした。

　このような観点から、昭和42年3月、宅地審議会が「宅地又は建物の売買貸借等の契約が成立した後になって、都市計画法等の公法上の制限、抵当権等第三者の権利その他の事項について当事者の意見が相違し、紛争が生ずる場合が少なくない。したがって、宅地建物取引業者は、契約が成立する前に、売買、貸借などの相手方又は依頼者に対して次の事項を記載した書面を交付するとともに、必要な説明をしなければならないこととする必要がある」と答申し、これを受けて、昭和42年法改正により、重要事項説明制度が設けられ、権利内容、法令に基づく制限、私道負担、施設整備状況、金銭の授受、契約解除、違約金、融資条件の8項目について（うち、権利内容、法令に基づく制限、私道負担、施設整備状況の4項目については、書面を交付して）説明すべきこととされました。

　その後、昭和46年には、工事完了前の販売に伴うトラブル増加に伴い、重要事項の追加が行われ、また、重要事項説明は宅地建物取引主任者が行い、記名押印すべきこととされました。

　昭和55年には、マンション取引とその紛争の増加に伴い、重要事項の追加が行われ、また、書面記載事項は各号すべての事項に拡大されるとともに、宅地建物取引主任者証の提示義務が課されました。

　平成7年には、法令に基づく制限に関する事項等の一定事項について、

契約内容の別（売買・貸借の別）に応じて政令または省令で定めることが
できるようになり、当該事項が説明事項として追加されました。

　平成26年には、近年、宅地建物取引主任者の責任や役割が増大している
状況を踏まえ、不動産取引の専門家としてよりふさわしい名称となるよう
に、名称が、「宅地建物取引主任者」から「宅地建物取引士」に変更され
ました。

　平成30年には、既存建物に関する情報提供の充実を図るため、建物状況
調査の実施の有無や、建築・維持保全の状況に関する書類の保存状況が、
説明事項として追加されました。

　なお、宅地建物の割賦販売の重要事項説明については、若干の特例が定
められています（宅建業法35条2項）が、実務で紛争となる事例は少ない
ので、本書においては説明を割愛しています。

③　重要事項説明の主体と相手方

　宅建業法においては、不動産取引の性格等を踏まえ、重要事項説明を行
わなければならない主体と相手方が、以下のように定められています。

①　【主体】宅地・建物の売主（交換する者を含む。）たる宅建業者
　　➡【相手方】宅地・建物の買主（交換する者を含む。）になろうと
　　　する者（その代理人を含む。）
②　【主体】宅地・建物の売買（交換を含む。）・賃貸の代理を行う宅建
　　業者
　　➡【相手方】宅地・建物の買主（交換する者を含む。）・借主になろ
　　　うとする者（それらの代理人を含む。）
③　【主体】宅地・建物の売買（交換を含む。）・賃貸の媒介（「仲介」と
　　もいうが、以下、統一的に「媒介」という。）を行う宅建業者
　　➡【相手方】宅地・建物の買主（交換する者を含む。）・借主になろ
　　　うとする者（それらの代理人を含む。）

　なお、賃貸の場合は、法令に基づく制限に基づく事項、私道に関する事
項、区分所有建物・その敷地の権利等に関する事項などにおいて、売買よ
り、重要事項説明の範囲が限定されています。

④ 重要事項説明の対象事項

　重要事項説明の対象事項については、宅建業法35条（政省令を含む。）に列記された事項が対象となることは明らかですが、「少なくとも次に掲げる事項について」と規定されており、また、宅建業者は宅地建物取引の専門家として高度な注意義務を負っている（宅建業法31条）ことから、列記事項以外でも、これに準じるものは説明すべきと考えられます（第16章Ⅰ「はじめに」参照。また、詳しい説明については、『わかりやすい宅地建物取引業法』（周藤利一・藤川眞行著、大成出版社）210～218頁参照）。なお、第1章以降の個々の重要事項の解説の中では、理解に資するように、基本的には宅地・建物の売買・賃貸の媒介を想定した記述をしています。

⑤ 説明義務違反に対する宅建業法上の措置

　説明義務に違反した業者は、宅建業法35条または47条等の違反として、監督処分（指示処分、業務停止処分、情状が特に重いときは免許取消処分）を受けることがあります（宅建業法65条、66条）。また、47条1号違反は、2年以下の懲役若しくは300万円以下の罰金またはこれらの併科に処せられます（宅建業法79条の2）。

　また、宅地建物取引士が重要事項の説明に当たり、故意または過失により説明を行わず、また虚偽の説明をしたときは、監督処分（指示処分、事務禁止処分、情状が特に重いときは登録の消除処分）を受けることがあります（宅建業法68条、68条の2）。

　なお、第1章以降の個々の重要事項の解説の中では、理解に資するように、できるだけ、説明義務違反に対する処分事例を掲載するようにしていますが、適切な処分事例がない場合には、一つの目安にする意味で、民事上の紛争で、債務不履行、不法行為として責任が追及された裁判事例を掲載しています。

⑥ 重要事項説明と近年の紛争

　重要事項説明については、以上のような宅建業法上の行政処分や行政罰を受けないという観点だけでなく、負担が大きい民事紛争に巻き込まれないという観点からも重要なものです。

　国土交通省、都道府県の宅建業法所管課の窓口における苦情・紛争相談件数は、近年、減少傾向にあるものの、それでも年間概ね2,000件程度発

生しています。

　この紛争の内容を類型別に見ますと、瑕疵問題、契約解除、登記・引渡し等様々な要因がありますが、例年、最も多いのは重要事項説明に関するものです。具体的には、重要事項説明に関する紛争は、宅地建物取引業者の取引態様に関係なく、ここ10年以上にわたり、圧倒的に高い構成比（約30％）を示しています。

　この背景としては、

① 取引の前提としての情報提供が、非常に重要なものであること
② 実体的な紛争原因（例えば、目的物に瑕疵があること）との関係で手続的な紛争原因（例えば、目的物に瑕疵があることを事前に説明しなかったこと）が併合して主張されやすいこと
③ 民事上の紛争を、説明義務違反という手続的な紛争原因を主張することにより、行政による応援を求めて有利に解決しようとすること

等を挙げることができます。

　このため、宅建業者は、紛争を未然に予防するために、重要事項説明の重要性を認識し、これを適切に行うように努めなければなりません。

7 重要事項の全体像の説明等

　重要事項説明の一般的なあり方については、平成15年に、「宅地建物取引業法の解釈・運用の考え方」が一部改正され、以下のとおり、重要事項の説明に先立って、重要事項の全体像を説明することが望ましい等の通知が行われました。

① 重要事項の説明に先立ち、重要事項の説明を受けようとする者に対して、あらかじめ重要事項説明の構成や各項目の留意点について理解を深めるよう、重要事項の全体像について書面を交付して説明することが望ましい（参考／重要事項の全体像の説明書の例（売買・交換の例）参照）。
② 取引物件を見ながら説明する方が、相手方の理解を深めることができると思われる事項については、重要事項の全体像を示しながら取引物件の現場で説明することが望ましい。

重要事項説明（売買・交換）

　別添の重要事項説明書は、冒頭に記載の不動産について、当該不動産を取得しようとする者があらかじめ知っておくべき最小限の事項を列記したものです。

　宅地建物取引業法第35条には、宅地建物取引業者の義務として、宅地建物取引士によって書面を交付して説明しなければならない一定の事項が掲げられており、重要事項説明書はこの義務に対応するものです。

　重要事項説明の内容は大別すると「Ⅰ　対象となる宅地又は建物に直接関係する事項」と「Ⅱ　取引条件に関する事項」に分けられます。なお、宅地建物取引業法第35条以外に同法第34条第2項及び第35条の2で説明が義務付けられている事項を冒頭及び「Ⅲ　その他の事項」で併せて説明いたします。

取引の態様（宅地建物取引業法第34条第2項）

Ⅰ　対象となる宅地又は建物に直接関係する事項
1　登記記録に記録された事項
2　都市計画法、建築基準法等の法令に基づく制限の概要
3　私道に関する負担に関する事項
4　飲用水・電気・ガスの供給施設及び排水施設の整備状況
5　宅地造成又は建物建築の工事完了時における形状、構造等（未完成物件のとき）
6　建物状況調査の実施の有無及び実施している場合におけるその結果の概要（既存の建物のとき）
7　建物の建築及び維持保全の状況に関する書類の保存の状況（既存の建物のとき）
8　当該宅地建物が造成宅地防災区域内か否か
9　当該宅地建物が土砂災害警戒区域内か否か
10　当該宅地建物が津波災害警戒区域内か否か

　11　水害ハザードマップにおける当該宅地建物の所在地

　12　石綿使用調査の内容

　13　耐震診断の内容

　14　住宅性能評価を受けた新築住宅である場合

Ⅱ　取引条件に関する事項

　1　代金及び交換差金以外に授受される金額

　2　契約の解除に関する事項

　3　損害賠償額の予定又は違約金に関する事項

　4　手付金等の保全措置の概要（業者が自ら売主の場合）

　5　支払金又は預り金の保全措置の概要

　6　金銭の貸借のあっせん

　7　担保責任（契約不適合責任）の履行に関する措置の概要

　8　割賦販売に係る事項

Ⅲ　その他の事項

　1　供託所等に関する説明（宅地建物取引業法第35条の2）

　いずれも取引に当たっての判断に影響を与える重要な事項ですので、説明をよくお聞きいただき、十分ご理解の上、意思決定をして下さるようお願いいたします。

凡例〉

（注1）本書では、宅地建物取引業法を「宅建業法」と略記していま
す。
（注2）本書の記載は、令和3年4月1日現在施行されている法令に
よります。
（注3）地方分権法（地方分権の推進を図るための関係法律の整備等
に関する法律）の施行に伴って、地方公共団体に対する旧建設省
通達が廃止され、宅地建物取引業法の解釈・運用については「宅
地建物取引業法の解釈・運用の考え方」として、国土交通省土
地・建設産業局不動産業課から業界団体等に対して通知されてい
ます。本書では、これを「解釈・運用」と表記し、引用していま
す。
（注4）本書に掲載している行政処分事例は、あくまでも参考事例で
あり、同様の事案だからといって、処分の内容も同じになるわけ
ではありませんので留意してください。

第1章

物件の表示

Ⅰ　取引の対象となる物件の明示・特定

ここがポイント

❶所在地や面積等、取引の対象となる物件の物的状態等を明示・特定する事項は、「物権の表示」または「不動産の表示」として、重要事項説明書に記載する必要がある。

❷少なくとも土地の所在地、地目、面積、取引対象の権利の種類、建物の所在地、家屋番号、種類・構造、床面積を表示する必要がある。建物については、位置、間取り、築年数を表示することが望ましい。

❸「公簿売買」と「実測売買」の用語については、誤解を生じることのないよう意味を十分に説明しなければならない。

❹境界の明示は売主の義務ではあるが、媒介業者は隣地の所有者の立会いを求めるなど境界確定に努力しなければならない。

① 物件の表示

　重要事項説明の対象となる物件が明示・特定されていなければ、「重要事項説明」がなされていても、どの物件の重要事項説明なのかが判明せず、その内容の当否も判断できないことになります。

　したがって、重要事項の説明に際しては、重要事項説明の対象となる物件、つまり取引の対象を明示・特定することは、宅建業法35条の本文（柱書）から、その前提条件として当然に必要とされます。この物件の明示・特定が、「物件の表示」です。

② 表示すべき事項

　物件の表示においては、重要事項説明の対象となる物件を明示・特定し、取引の相手方が正確に理解できるように、説明する必要があります。

　物件の表示に関しては、取引の対象となる土地と建物（区分所有建物を除く。）については、少なくとも次の事項を表示するものとされています。

　　・土地…所在地、地目、面積（登記記録面積、実測面積）
　　・建物…所在地、家屋番号、種類・構造、床面積

　このほか、取引対象の特定のために、土地については取引対象の権利の

種類（所有権、共有持分権・その割合、地上権、賃借権）を表示する必要があります。

　物件の表示事項が、取引における意思決定の材料としての側面をも持つことを考えれば、上記事項に加えて、建物については、位置、間取り、築年数を、物件の表示として明示・特定することが望ましいでしょう（区分所有建物の表示事項については、第7章Ⅱ「区分所有建物の表示」参照）。

　なお、併せて、取引の対象となる土地の位置、形状等を明示・特定するために、登記所に備え付けられている「地図」または公図等の土地図面を調査するとともに、当該公図等を添付します。

③ 公簿売買と実測売買

　登記記録に表示された地積（公簿面積）と実際の面積（実測面積）とは、しばしば違っています。

　ところで、現実の土地売買は、概ね次の3パターンに分類されます。

① 　土地について、面積は問題にしないで、「この土地を売買する」という認識で取引をする。売買契約書では、公簿面積を表示する。後になって面積の過不足が分かっても、清算はしない。

② 　土地家屋調査士が作成した実測図がある等、土地の実測面積について、売主と買主との間に共通の認識があって取引をする。契約書の売買価格は、全体でいくらと書くことが多いが、場合によっては単価に実測面積を乗じた形で書くこともある。契約書では、通常、公簿面積と実測面積の両方を表示するが、後になって実測図に誤差があることが分かっても、清算はしない。

③ 　契約後、原則として引渡しの時期までに正確に実測して、公簿面積との間に過不足があれば、清算する。

　いわゆる「公簿売買」と「実測売買」との違いは、公簿面積と実際の面積が一致しないとき、清算するかどうかで決まるものです。すなわち、上記の例では、①と②が公簿売買、③が実測売買です。

　ただ、日本語として紛らわしいのですが、一応、正確な実測面積を契約

書に表示するものは、清算条項がなくても、時々、実測売買と称すること
があります。

　このように「公簿売買」「実測売買」という言葉は、誤解を生ずること
があるので、業者が買主に説明するときは、これらの用語の意味を十分に
説明して、「清算をするかどうか」という表現で説明すべきでしょう。

　この点があいまいであると、当事者間で紛争になったとき、媒介業者に
も責任があるとして、紛争に巻き込まれるおそれがあります。

4 境界の明示

(1)　境界の明示

　不動産の取引において、売買の対象となる物件をはっきりさせることは
極めて当然のことですから、売主は物件の引渡日までに現地において、買
主に対して、物件の範囲を明示しなければなりません。この場合、その境
界となる境界標・境界線は、売主の意思だけによって一方的に決定される
ものではなく、隣接地の所有者の立会いを得て、双方の確認を得たもので
あることが必要です。したがって、媒介業者が境界について買主に説明す
る場合は、境界が隣接地所有者の確認を得たものであるか否かについても
説明する必要があります。

(2)　境界確定の問題点

　境界を明示することは、原則として、売主の義務です。したがって、売
主は、まず自己の責任と負担において、隣接地の所有者に立会いを求め、
境界確定を行わなければなりません。

　隣接地との間に、はっきりした境界標等があるような場合は、立会い・
境界確定は比較的スムーズにいくと思われますが、境界標等がないような
場合には、隣接地所有者が立会いに応じなかったり、仮に立会いが得られ
ても、双方の主張する境界が異なり、境界確定ができないことが、起こり
得ます。また、官民境界の場合には、道路管理者に立会いを求めても、時
間がかかることもあります。

(3)　媒介業者の義務

　以上のような事情から、売主が自らの義務を履行しない場合には、媒介

業者はどのように対応すべきでしょうか。

　まず、媒介業者は、自ら隣接地所有者の立会いを求めるなどして、境界の確定に努力する必要があります。

　どうしても隣接地所有者の立会いが得られない場合や、立会いは得られたが、双方の主張する境界線が違ったり、明白な越境の事実があったり、境界確認訴訟が係属中である等の事情が分かったような場合には、買主に対してその事実関係を明確に説明すべきです。

Ⅱ　物件の表示方法

ここがポイント

❶私道部分も取引の対象になっている場合には、当該部分を含め物件の表示を行うことが必要である。

❷未完成物件や、経済価値のない古家が取引の対象になっている場合でも、物件の表示を行うことが必要である。

❸仮換地の物件の表示は、従前地について行い、併せて仮換地の所在、地積を表示する必要がある。

❹共有持分権の取引においては、地積の表示は、共有物全体の面積を記載する必要がある。

❺重要事項説明段階で、分筆が行われていない場合には、取引対象部分の地積に加えて当該筆の全体の地積も記載するとともに、取引対象部分を地積測量図等で明示する必要がある。

1 表示すべき物件

(1) 私道部分

　私道（の持分権）が売買対象に含まれている場合には、私道についても重要事項説明の対象となるものとして物件の表示を行う必要があります。この場合には、当該部分が私道である旨を説明しなければなりません。

　私道部分は、取引価格の決定に当たって取引面積から除外して計算されることもありますが、取引対象であることには変わりがありませんから、物件の表示に際して、私道部分を備考欄に記載することは好ましいことではなく、いわんや記載を省略することはできません。

(2) 未完成物件

　いわゆる「青田売り」で、取引対象が未完成でまだ存在していない場合にも、その物件が取引の対象となるのですから、建築確認図面等に基づいて、当該不動産の物件の表示を行う必要があります。この場合は、当該不動産が未完成である旨を併せて説明する必要があります。

【説明文例】

> ○未完成物件
> 　建物未完成。建築確認番号●●。確認取得●年●月●日。

3) 古家

　古家付きの土地を、古家の経済的価値はないものとして、土地代相当金額で取引される場合は、次のように考えられます。

① 現状渡し

　物件が古家付きのままで買主に引き渡され、買主が古家の解体を行う場合は、当該取引により古家の所有権が買主に移転したと考えられます。この場合は、古家も、取引対象に含まれると考えるべきですから、重要事項説明の対象として物件の表示を行うことが必要です。

② 更地渡し

　古家を引渡し時までに売主が解体し、更地として引き渡す場合には、古家は取引対象には含まれないので、古家の物件の表示は不要です。なお、この場合には、未解体の古家が現存しているが、引渡し時までに売主が取り壊すこと等について備考欄等で説明する必要があります。

【説明文例】

> ○古家の更地渡し
> 　現在、当該土地には建物が現存していますが、引渡し時までに売主の責任と負担で解体撤去し、建物の滅失登記を行います。

2 仮換地の表示方法

　仮換地の指定がなされても、所有権は、換地処分発効までは、従前地上に存在するとされています。

　このため、通常の仮換地の取引においては、従前地が取引の対象となりますので、物件の表示は従前地について行う必要があります。併せて、現在の使用収益権（将来の所有権）の対象を明示・特定するために、仮換地

の番号、地積を表示することが必要です。また、併せて仮換地指定通知書などの写しを添付するのが望ましいでしょう。

③ 地積の表示方法

(1)　共有持分権

　取引の対象が共有持分権の場合は、共有持分権は共有物全体に及ぶものでありますから、地積の表示としては、共有物全体の面積を記載する必要があります。

(2)　一筆の一部

　重要事項説明段階で、分筆が行われていない場合には、取引対象を明示・特定するために、取引対象部分の地積に加えて当該筆全体の地積も記載するとともに、取引対象部分を地積測量図等で明示する必要があります

[記載例]

地積：210.05m^{2}のうち105.00m^2
備考：売買対象部分は別添地積測量図朱示部分です。

Ⅲ　売主の表示

ここがポイント

　売主の住所・氏名についても、重要事項説明書において明示するものとする。

売主の住所・氏名の明示

　売主が誰かは、第三者の占有等の取引対象物件に関する権利関係の状況の判断材料として欠くことのできないものであり、トラブル防止のためにもその説明は必要といえます。

　また、不動産取引の複雑化によって、登記記録上の所有権者が常に売主とはいえない場合も多くなっており、売主と所有者が異なることから取引物件の引渡しがスムーズにいかない等、それに伴うトラブルも少なくありません。

　このため、売主の住所・氏名は、物件や価格とともに不動産取引に不可欠な要素であり、その表示が不可欠です。「解釈・運用」の書式では、物件の表示欄に続けて「売主」欄が設けられており、売主の住所・氏名を記載すべきことが明示されています。

Ⅳ　登記名義人と異なる売主

ここがポイント

　売主が、登記名義人と相違する場合は、売主の本人確認、処分権限の確認を慎重に行い、その事由等を説明する必要がある。

1　売主と登記名義人が相違する場合

　売主と登記名義人が相違する場合については、以下のケースが考えられます。

① 　名義人の住所・氏名の変更登記手続が未了のケース
② 　所有権移転登記手続が未了のケース
　（売主が、相続や売買契約締結等により所有権は取得しているが、移転等の登記手続が未了の場合のことです。）
③ 　他人物の売買のケース
　（他人物とは、他人が所有する物件だけでなく、未完成建物も他人物となります。）

2　売主と登記名義人が相違する場合の留意点

　売主と登記名義人が相違する場合は、物件の引渡しがスムーズにいかない等、とかくトラブルの原因となることが多くあります。

　したがって、売主と登記名義人が相違する場合は、公的資料、契約書の原本によって、売主の本人確認、処分権限の確認をより慎重に行う必要があります（確認資料の取扱いについては第17章Ⅲ「確認書類の添付」参照）。特に他人物の売買の媒介については、宅建業者は通常の取引に比して、より高度の注意義務があると考えられます。

　なお、売主と登記名義人が同じ場合でも、売主の本人確認は必要であり代理人が立てられているときは、代理権限の確認、代理人の本人確認も必要です。ちなみに、重要事項説明制度とは別の「犯罪収益移転防止制度」（犯罪収益移転防止法）に基づき、宅建業者（売主、買主、媒介）は、取引時に、相手方（買主（その代理人）、売主（その代理人）、売主・買主

（それぞれの代理人））に対して、必要な確認（個人：本人特定事項（氏名・住所・生年月日）、取引の目的、職業、法人：本人特定事項（名称・本店等の所在地）、取引の目的、事業の内容、実質的支配者の確認（その者の本人特定事項））を確認する必要があります。

　また、登記申請手続が、通常の売買の場合と異なることも多いので、登記申請手続の手順や登記費用の負担についても説明する必要があるでしょう。

第2章

登記記録に記録された事項

Ⅰ　登記記録調査の時期

ここがポイント

❶重要事項説明は、「説明の直前」の調査に基づきなされることが必要である。

❷登記記録調査日は、調査の正確さを判断する材料の一つとして、記載することが望ましい。併せて、媒介の場合には、売主が登記識別情報（権利証）を保有していることを確認しておくことが必要である。

１　登記記録調査は、いつ行えばよいか

(1)　重要事項説明の意義

　重要事項説明は、物件に関する権利関係や法令上の制限等を調査する能力を持たない一般の購入者の多くに対して、十分な知識経験を持ち、調査能力も備わっている宅建業者が、調査、説明するものです。このために、単なる役所調査の結果等を報告するだけでは、宅建業法が期待する宅建業者としての義務を果たしたとはいえません。

　つまり、重要事項説明とは、宅建業者が、役所調査等の結果に基づいて「自己の責任と判断」で、物件の「説明当日の状況」等を説明するものなのです。

(2)　登記記録の調査日

　重要事項説明とは、物件の「説明当日の状況」を説明するものですから、説明のための調査は「説明の直前」になされる必要があります。古い調査に基づき重要事項説明を行うことは、その調査日から説明当日までの期間については、業者が自己のリスクで変化がないと判断したことになります。仮に変化があった場合には、調査結果自体が正確に記載されていても、業者は、説明が事実と相違していることの責任を問われることになります。

２　登記記録調査日は、記載すべきか

　登記記録調査日は、調査説明の正確さを判断する材料として、重要事項

明書に記載することが望ましいとされています。

　ただし、登記記録調査日を記載しても、調査日以降の変化について業者の責任が免責されるものではありません。

③ 登記識別情報の所在の確認

　所有権の移転登記には、原則として、登記識別情報が必要となります。ところが、所有権登記のされている売主が登記識別情報を保有しておらず、第三者に渡ってしまっていて、契約の履行ができなくなるということがあります。

　この場合、登記識別情報を第三者に渡してしまった売主の責任ではありますが、媒介業者として登記識別情報を売主が保有していないことを知っていれば、その契約の履行が安全に行われないことは、十分に予測は可能です。このため、登記記録の調査、登記記録に現れない第三者の権利の調査をするのと併せて、登記識別情報の所在の確認をすることが取引の安全を図る上で、当然の行為といえます。

Ⅱ　重要事項説明後の登記記録調査

ここがポイント

重要事項の説明後、少なくとも、契約締結時と最終代金の支払い（引渡し）の直前には、登記記録の記載事項の変化を調査する必要がある。

1 重要事項説明後の登記記録の変化

　重要事項の内容は、給排水施設等の変化する可能性の少ないものは別として、登記記録等は、重要事項説明の時点から契約締結または最終代金の支払い（引渡し）までの間に、変化する可能性があります。

　このため、重要事項説明を受けた相手方が、その後に生じた抵当権や賃借権の設定等の変化によって、物件の利用が制約されたり、取得できない等、予想外の損失を被ることがあります。

2 重要事項説明後の業者の調査義務

　媒介の種類にかかわらず標準媒介契約約款においては、宅建業者の義務等として、「登記、決済手続等の目的物件の引渡しに係る事務の補助を行うこと」も明記されており、契約締結後も、業者には取引完了（登記移転完了）を見届ける善管注意義務があり、契約締結時の直前に加え、取引の節目である最終代金の支払い（引渡し）の直前にも、登記記録を再度調査する必要があるといえるでしょう。

　調査の結果、相手方の権利を阻害するおそれのある第三者の権利が探知された場合は、当事者が適切に対応できるよう助言する必要があります。

　なお、この義務は、宅建業法35条にいう重要事項説明の義務ではありませんが、この義務を怠ったときは、行政処分の対象となる場合もあり得るので注意が必要です。

分争事例紹介　東京地判　平 8 . 7 . 12　RETIO37-69

〈概要〉　売買契約締結後、売主業者が根抵当権設定登記をしたが、媒
　　介業者が登記記録の確認を怠り、抹消しないまま引渡しを受け、
　　その後、売主業者は倒産した。

〈責任〉　媒介業者は、代金決済日までに登記記録を閲覧して権利関係
　　の調査を果たすべき義務があるのに怠った。

〈結末〉　媒介業者に450万円の支払いを命じた。過失相殺 5 割。

Ⅲ　更地の建物登記記録の調査

ここがポイント

　　更地についても、解体済建物の登記が残っている場合があり、トラブルの原因となることがあるので、建物の登記記録を調査して説明する必要がある。

1　更地と建物の登記記録

　「更地」とは、厳密には、「当該宅地に建物等の定着物がなく、かつ、借地権等の使用収益を制約する権利の付着していない宅地をいう。」とされています。しかし、一般には、単に「当該宅地に建物等の定着物がない宅地」、つまり空き地の同義語として「更地」ということばが使われます。

　いずれにしても、更地は、建物等の定着物が存在していないのですから、当該宅地の建物の登記記録も存在しないはずです。しかし、我が国の登記制度が申請主義のために、建物が解体済でも、建物の滅失登記手続がなされるまでは、いったん作成された当該宅地の建物の登記記録が存続し続けることがあります。

　このために、取引対象の土地が更地の場合でも、建物の登記記録が残存している事例も散見されます。

2　更地の建物登記記録の調査

(1)　更地の取引において、解体済の建物の登記記録が残っている場合には、次のようなトラブルが生じることがあります。

　①　新しい建物の登記ができない

　　　当該土地に解体済の建物登記記録が残っている場合は、一不動産一登記用紙主義のために、旧建物登記記録が閉鎖されるまでは、同土地上の新しい建物の登記を行うことができません（大審判　大7. 5.30）。

　②　借地権が残存し、土地の利用が制約される

　当該土地に解体済の建物登記記録が残っており、借地権がある場合で、借地借家法10条2項に定められた措置が行われたときは、その借地権は対抗力を持ち、新取得者の土地の利用が制約されることがあります。

⑵　解体済の建物登記記録が残っている土地を取得した場合は、少なくとも登記義務者である建物の登記名義人を探索して、滅失登記を依頼する等の手続が必要となります。このために、解体済の建物の権利関係に争いがなくても、登記抹消のために相当の負担が生ずる場合もあります。

　このようなトラブルを避けるために、取引対象の土地が「更地」の場合も、新規分譲地は別として、建物登記記録を調査する必要があります。実務上も、土地登記記録の調査と同時に行えばほとんど負担とはならないと思います。当該土地に解体済の建物登記記録が残っていることが判明した場合、まず、その解体済の建物の権利関係を確認し、その登記抹消を売主または買主のいずれの側の責任（原則として、売主側の責任である。）で行うかを、明らかにする必要があります。

[説明文例]

○建物滅失登記未了の場合

　「本物件土地上の建物（家屋番号○○番○、木造瓦葺2階建　1階 65.22m²、2階46.34m²）は既に取り壊されていますが、滅失登記が未了となっています。なお、滅失登記は売主の責任と負担で残代金支払時までに完了するものとします。」

Ⅳ　登記記録に現れない第三者の権利の調査

ここがポイント

　未登記でも、対抗力や効力を有する借地権・借家権等については、登記された権利と同様、調査して説明する必要がある。

① 未登記でも、対抗力や効力を有する借地権・借家権

　不動産に関する物権（所有権、地上権等）の変動は、登記があれば、第三者に対抗することができます（民法177条）。また、不動産の賃貸借は、登記があれば、その後不動産に関する物権を取得した者に対して、効力が生じます（民法605条）。

　しかし、不動産の賃貸借は、債権であるため、賃貸人の承諾が得られないと登記できないこともあり、社会政策の観点も踏まえ、借地権・借家権については、直接その権利の登記がない場合でも、以下のように一定の要件があれば対抗できることとされています。

①　借地権

　借地権は、登記がない場合であっても、土地の上に借地権者が登記されている建物を所有するときは、第三者に対抗することができます（借地借家法10条1項）。

　また、この場合において、建物の滅失があっても、借地権者が、一定の内容を土地の上の見やすい場所に掲示するときは、借地権は、引き続き効力を有します。ただし、建物の滅失があった日から2年を経過すれば、それより前に建物を新たに築造し、かつ、その建物の登記をしなければ効力は有しません（借地借家法10条2項）。

②　借家権

　借家権は、登記がない場合であっても、建物の引渡しがあったときは、その後その建物を取得した者に対して、効力が生じます（借地借家法31条1項）。

2　未登記でも、対抗力や効力を有する借地権・借家権等の調査・説明

　以上のように、借地権・借家権については、未登記でも対抗力や効力を有する場合があり、このような場合には、土地・建物の取得者の利用が阻害され、トラブルになるおそれが生じます。

　「登記された権利の種類及び内容」が説明すべき重要事項とされているのは、取引の対象となる土地・建物について、取得者の利用を阻害する第三者の権利の存否を調査して、説明するためですので、宅建業者は、未登記でも対抗力や効力を有する借地権・借家権についても、調査して説明する必要があります。

　具体的には、借地権については、登記がない場合であっても、土地上に建物が存する場合には、土地所有者に対する調査に加え、現地調査や建物の登記記録調査等で、対抗できる借地権の存否とその内容について、調査して説明する必要があります。

　また、仮に、土地の上に建物が存在しない場合であっても、土地所有者に対する調査に加え、現地調査等で、土地上の一定の掲示の存否、対抗できる借地権の存否とその内容について、調査して説明する必要があります。

　借家権については、登記されていることはほとんどありませんので、建物所有者に対する調査に加え、内見調査等で、効力を有する借家権の存否とその内容について、調査して説明する必要があります。

　いずれにしても、単に登記記録の記載内容を調査して説明しただけでは、土地・建物の取得者の利用が阻害されることも予想され、宅建業者としての義務を十分に果たしたとはいえない場合も生じますので、宅建業者は、宅地建物の現況調査をした上で、所有者自ら使用しているのか、所有者以外の第三者が使用しているのか、第三者がどのような権原により占有しているのか等を調査し、買主に説明する必要があります。

Ⅴ　抵当権の説明方法

ここがポイント

❶抵当権については、抵当権者の住所・氏名、債権額等を説明する必要がある。

❷共同抵当については、抵当権者の住所・氏名、債権額に加えて、共同抵当であること、共同抵当の対象を説明する必要がある。

1　抵当権

(1)　担保物権

　不動産の購入者が、金融機関から融資を受ける場合には、返済を保証するために金融機関に対して、購入する不動産や第三者（例えば、購入者の両親）の所有する別の不動産を担保として提供することが一般的です。不動産を担保として提供する場合に、最もよく利用されている制度が「抵当権」です。

　不動産に抵当権が設定された場合でも、担保提供者は、引き続き当該不動産を使用・収益できます。しかし、金融機関は、債務者が返済を怠ると担保不動産を競売し、その競売代金から優先的に返済を受けることができます。担保不動産が競売された場合には、抵当権設定登記後に担保不動産を取得した者は、その所有権を失うことになります。

(2)　共同抵当

　一つの債権の担保として、数個の不動産が提供されることがあり、これを「共同担保」（抵当権の場合は、「共同抵当」）といいます。一戸建てに抵当権を設定する場合、土地と建物は民法上別個の不動産とされているので、建物とその敷地といった2個の不動産に抵当権を設定することになり、通常は共同抵当となります。また、土地が数筆に分かれている場合も同様です。

② 抵当権の登記事項

　抵当権については、登記記録で、(1)の登記事項を調査し、抵当権者の住所・氏名、債権額等を説明する必要があります。また、共同抵当になっている場合には、これに加え、(2)の登記事項を調査し、共同抵当であること、共同抵当の対象を説明する必要があります。

1)　抵当権の登記事項

　抵当権の設定登記がなされると、当該不動産の乙区欄に、申請書受付の日付・受付番号・抵当権者の住所・氏名・登記原因・その日付・債権額・債務者等が、必要的記載事項として登記記録に記載されます（不動産登記法59条、83条、88条）。

　なお、登記名義人が常に債務者とはいえず、登記名義人が、物上保証人として、第三者の債務を担保するため自己の所有物に抵当権を設定する場合もあることに、留意する必要があります（民法369条）。

2)　共同抵当（共同担保）の登記事項

　数個の不動産について共同担保設定の登記を申請する場合には、共同担保関係にある担保不動産を明らかにするため、各々の不動産の所在等を記載した「共同担保目録」を添付するものとされています（不動産登記法83条2項）。

　なお、共同担保の場合、被担保債権額について、共同担保である土地と建物の登記記録に記載の債権額を重複して計算する等の誤りも見受けられるので、留意する必要があります。

Ⅵ 抵当権抹消の調査・確認

ここがポイント

　　抵当権が設定されている場合には、その抹消ができるかについて調査して説明する必要がある。

抵当権の抹消

(1)　不動産取引と抵当権

　抵当権の設定登記がなされている不動産は、買主が取得して移転登記を行っても、抵当権はそのまま存続することになります。このために、当該抵当権に係る被担保債権が弁済されない場合には、抵当権者により抵当不動産が競売に付され、買主が当該不動産の所有権を失います。

　一般の不動産取引においては、抵当権は、売主の負担と責任で、取引対象不動産の引渡し期日までには抹消されるのが原則となっています。また、一般の不動産取引の多くは、売却代金により借入金の残債を全額返済することで、抵当権が抹消されています。

(2)　抵当権の抹消の手順

　抵当権の付いた不動産を売買する場合、抵当権の抹消は、実務的には、最終代金の支払い日＝所有権移転日＝登記移転日に、売主、買主、抵当権者、媒介業者、司法書士等の関係者が一堂に会し、次の「同時決済」方式で処理されるのが一般的です。この場合、買主の融資金融機関が加わって抵当権設定登記の申請受付を確認して融資を実行するケースが多く、一般に、権利移転登記の申請と（金融機関の）抵当権設定登記の申請と最終代金の支払いが、同日中に行われることから「同時決済」と呼ばれています。

　以下、同時決済日の手順を述べます（融資契約締結済である場合）。

　①　最終代金の支払い日＝所有権移転日＝登記移転日に、売主と売主の融資金融機関（抵当権が設定されている場合）、買主と買主の融資金

融機関、媒介業者・司法書士等の関係者が一堂に会する。

② 　売主が権利移転書類を、売主の融資金融機関が売主の抵当権抹消書類を、買主が抵当権設定のための印鑑証明書を、買主の融資金融機関が融資金を、司法書士が事前に作成した旧抵当権抹消・権利移転・新抵当権設定登記申請書を持ち寄る。

③ 　売主・抵当権者が登記関係書類を司法書士に渡し、司法書士が登記関係書類の完備を確認する。

④ 　買主の融資金融機関が、受領書の交付を確認して、融資金を買主に交付する。

⑤ 　買主が、最終代金を売主へ支払う。

⑥ 　売主が、最終代金より、自己の借入残額を返済する。

3) 　抵当権抹消の説明

　不動産取引の専門家である宅建業者としては、抵当権抹消の予定の有無を、取引条件として事前に調査することが必要です。特に、抵当権の抹消を予定している場合で、被担保債務の残高が売却代金を上回る場合には、売却代金では不足する抵当権抹消に要する資金の調達方法について、慎重に調査する必要があります。また、共同担保に供されている物件の一部抹消の場合についても、慎重に調査しておくことが必要でしょう。

第3章

法令に基づく制限

Ⅰ　説明すべき法令に基づく制限

ここがポイント

❶法令に基づく制限については、宅建業法施行令3条で定められている事項以外の法令に基づく制限（それに準じる公的制限）であっても、購入者等に不測の損害を与えるおそれがあり、それが公示等により明らかにされている制限については調査して説明する必要がある。

❷よくトラブルが起こる事例としては、例えば、文化財保護法による「周知の埋蔵文化財包蔵地の発掘の届出」、「がけ条例」等各種の条例、「開発指導要綱」、「高圧電線下の建築制限」等があり、注意が必要である。

1　宅建業法の「法令に基づく制限」の範囲

　宅建業法では、宅建業者に「法令に基づく制限」の概要を重要事項として説明する義務を課しています。これは、取引の対象となる不動産の使用、収益、処分について公法上の制限がある場合は、取引当事者がこれらの制限を知らずに取引して思わぬ損害を被ることを防止するためです。

　説明すべきとされる「法令に基づく制限」については、宅建業法施行令3条で具体的に定められており、少なくとも、これらの制限については、調査して、説明する必要があります。

　法令に基づく制限については、当該法令の規定だけでなく、地方公共団体の条例や建築協定により制限が追加されたり、具体化されている場合も相当あり、それらを説明していないため、トラブルになることも散見されます。条例や建築協定を含め、その内容をしっかり調査して、説明することが重要でしょう。

　なお、貸借の場合、法令に基づく制限の範囲は、売買の場合に比べ限定されています（宅建業法施行令3条2項・3項）。

2　宅建業法施行令3条に定められた制限以外の説明すべき制限

　宅建業法施行令3条に定められた制限は、購入者等に不測の損害を与え

おそれがあり、かつ、制限の対象となる地域や区域等が公示、公告、明示等によって公に明らかにされ、宅建業者としての注意を払えば容易に知り得る事項です。これらの制限以外の制限についても、この条件を満たす場合には、宅建業者はその制限について調査して説明する必要があると考えられます。

よくトラブルが起こる事例としては、例えば、文化財保護法の「周知の埋蔵文化財包蔵地」、「高圧電線下の建築制限」、「土地区画整理事業の清算金・賦課金」、「がけ条例」をはじめとした各種の地方公共団体の条例や要綱等があり、注意が必要です。

1) 「周知の埋蔵文化財包蔵地」

「周知の埋蔵文化財包蔵地」で建築を行うために発掘を行う場合には、届出が義務付けられており、「埋蔵文化財の保護上特に必要がある」場合には、報告書の提出等が指示されることがあります（文化財保護法93条）。届出義務や指示に違反しても罰則はありませんが、報告書の提出等が指示された場合には、その作成のために、相当の調査費用と調査期間を要することになり、購入者の負担は少なくありません。

「周知の埋蔵文化財包蔵地」は、各自治体の教育委員会が指定し、その分布図を「文化財地図」等の名称で供覧しています。

2) 「高圧電線下の建築制限」

上空に高圧電線のある土地（線下地）については、電気事業法に基づく「電気設備に関する技術基準を定める省令」によって、建物の建築が制限されます。この制限内容は、使用電圧や送電線の高さ等によって異なりますので、高圧電線下の土地については、その使用電圧、送電線の高さ、画地内での線下地の位置及び建築制限内容等について、電力会社で調査・確認する必要があります。

3) 「土地区画整理事業の清算金・賦課金」

土地区画整理事業地内の土地取引においては、「換地処分の公告後、当該事業の施行者から換地処分の公告の日の翌日における土地所有者及び借地人に対して清算金の徴収又は交付が行われることがある」旨を重要事項説明書に記載の上、説明することとされています。また、規定はないもの

の、事業地内の購入者が賦課金を負担する場合もありますので、説明が必要です。

⑷　「がけ条例」

　がけ条例は、建築基準法40条に基づくものであり、宅建業法施行令３条に定められた制限ではありませんが、がけ条例の制限がかかる場合、擁壁の設置その他安全上適切な措置を講じなければならず、買主にとって建築上の制約や予想外の費用支出が発生しますので、説明が必要です。

紛争事例紹介　東京地判　平28. 11. 18　RETIO107−100

〈概要〉　中古住宅を購入した買主が、がけ条例に関する説明・記載を
　　　　怠ったとして、売主・買主双方の媒介業者と売主に、共同不法行
　　　　為による損害賠償を請求した。
〈責任〉　がけ条例の制限がかかる擁壁があるにもかかわらず、重要事
　　　　項説明として説明・記載をしなかった。
〈結末〉　売主・買主双方の媒介業者に対し、2,000万円強の擁壁改築
　　　　費用支払いが命じられた（個人売主への請求は棄却）。

Ⅱ　法令に基づく制限の説明方法

ここがポイント

❶法令に基づく制限の説明では、制度概要の説明に加えて、必要な場合には、当該制限により取引対象不動産が受ける具体的な影響、制約等についても、極力具体的な数値を表示して、説明することが望ましい。

❷宅建業法施行令３条に定める法令に基づく制限で、取引物件にその制限が及ばないものについても、一覧表を作成するなどして法令名を列記して、その制限の適用がない旨を説明することが望ましい。

❸説明の手助けとするため、建築基準法、都市計画法、国土利用計画法等に基づく制限の概要を解説した「重要事項説明書補足資料」等の書面を別途作成し、これに沿って説明を行い、説明の正確さを期するとともに、取引当事者の理解の程度を高めることが望ましい。

1　法令に基づく制限の具体的な説明

　法令に基づく制限については、単に取引対象不動産に関係する制限の制度概要を説明すれば足りるとする考えもみられます。

　しかし、重要事項説明の趣旨は、購入者が制限を知らずに取引して思わぬ損害を被ることを防止することですので、購入者の不動産の使用目的等を踏まえ、制限の存否が取引において重要であると考えられる場合には、法令に基づく制限の概要に加え、当該制限により取引対象不動産が受ける具体的な影響、制約等についても、極力具体的な数値を表示して、説明することが望ましいといえるでしょう。

　また、宅建業法施行令３条の列記事項は、法令の制定や改正により、追加、修正等が行われることがありますので、重要事項の説明に当たっては最新の宅建業法令を確認する必要があります。

2　法令の一覧表

　政令に列記された法令に基づく制限のうち、取引物件にその制限の及ばない事項については、書面への記載はもちろん、何らの説明を行わない取

扱いも見受けられます。しかし、政令に列記された法令に基づく制限は、不動産の取得、利用に当たって調査を欠くことのできない基本的事項で

　このため、都市計画法、建築基準法以外の古都保存法をはじめとする各種法律については、取引物件にその制限が及ばない事項についても、取引の相手方がこれらの制限を知り、確認することが可能となるように、政令に列記された法令に基づく制限の一覧表を作成し、適用の有無を付記すること等により、制限の適用がない旨を説明することが望ましいといえるでしょう。

　なお、我が国における少子高齢化に対応するため、都市再生特別措置法で規定された都市機能誘導区域・居住誘導区域などは、これら区域の設定を検討している市区町村が増加（令和3年4月1日時点で581市区町村、参考：国土交通省「立地適正化計画の作成状況」）しており、不動産取引の都度、確認することが必要と考えられます。

③ 補足資料の活用

　法令の制限については、対象法令数が多く、内容が専門的、技術的なものも多いため、一般人に対して十分に理解を得るように説明することは容易ではありません。特に、ほとんどの物件が関係する建築基準法に基づく制限の概要は、その内容を口頭で説明し、書面に記載することには困難を伴います。

　このために、説明の手助けとするとともに重要事項説明書への記載を簡略化するために、建築基準法、都市計画法、国土利用計画法等に基づく制限の概要を解説した「重要事項説明書補足資料」等の書面を別途作成する業者も多くなっています。

　この「重要事項説明書補足資料」に沿って、建築基準法、都市計画法、国土利用計画法等が定める制限の概要の説明を行い、重要事項説明書に添付して、交付するものです。説明の正確さを期するとともに、取引当事者の理解の程度を高めるためには、このような補足資料の活用が望ましいといえるでしょう。

　もちろん、この説明は取引当事者に理解されるように行う必要があり、単に「重要事項説明書補足資料」を交付しただけでは、説明を行ったことにはなりません。

（都市計画法、建築基準法以外の古都保存法をはじめとする各種法律の記載例）

3　古都保存法	12の2　沿道整備法	20の2　津波防災地域づくりに関する法律
4　都市緑地法	12の3　集落地域整備法	21　砂防法
5　生産緑地法	12の4　密集市街地における防災街区の整備の促進に関する法律	22　地すべり等防止法
5の2　特定空港周辺航空機騒音対策特別措置法		23　急傾斜地法
5の3　景観法	12の5　地域における歴史的風致の維持及び向上に関する法律	23の2　土砂災害防止対策推進法
6　土地区画整理法		26　全国新幹線鉄道整備法
6の2　大都市地域における住宅及び住宅地の供給の促進に関する特別措置法	13　港湾法	27　土地収用法
	14　住宅地区改良法	28　文化財保護法
	15　公有地拡大推進法	29　航空法（自衛隊法において準用する場合を含む。）
6の3　地方拠点都市地域の整備及び産業業務施設の再配置の促進に関する法律	16　農地法	30　国土利用計画法
	17　宅地造成等規制法	
6の4　被災市街地復興特別措置法	17の2　マンションの建替え等の円滑化に関する法律	30の2　核原料物質、核燃料物質及び原子炉の規制に関する法律
7　新住宅市街地開発法	18の3　近畿圏の保全区域の整備に関する法律	31　廃棄物の処理及び清掃に関する法律
7の2　新都市基盤整備法	18の4　都市の低炭素化の促進に関する法律	32　土壌汚染対策法
8　旧市街地改造法（旧防災建築街区造成法において準用する場合に限る。）	18の5　下水道法	33　都市再生特別措置法
	19　河川法	33の2　地域再生法
11　流通業務市街地整備法	19の2　特定都市河川浸水被害対策法	34　高齢者、障害者等の移動等の円滑化の促進に関する法律
12　都市再開発法	20　海岸法	

備考欄

Ⅲ　道路負担と建蔽率・容積率の説明方法

ここがポイント

　建蔽率、容積率の説明に際して、当該宅地にセットバックや、道路扱いの私道部分（道路負担部分）がある場合は、当該宅地の全体の面積から道路負担面積を控除した「有効宅地面積」を明らかにし、その「有効宅地面積」が建蔽率と容積率を乗する建築基準法上の「敷地面積」となることを説明する必要がある。

セットバック等と敷地面積

　「敷地」とは、「一つの建築物又は用途上不可分の関係にある二以上の建築物のある一団の土地」とされています（建築基準法施行令1条1号）。

　この敷地の面積については、当該宅地の前面道路の幅員が4m未満であるために、いわゆるセットバック部分（建築基準法42条2項または3項の規定によって道路の境界線とみなされる線と道との間の部分）が生じた場合、セットバック部分の面積は、建築基準法においては敷地の面積に算入されないこととなっています（建築基準法施行令2条1項1号）。

　また、私道のうち、建築基準法上の道路とされている部分は、道路内の建築が制限されているために、建築確認に際しては敷地面積から除外される取扱いとなっています（建築基準法44条）。

　当該宅地にセットバックや、道路扱いの私道部分がある場合には、当該宅地の面積より道路負担部分の面積を控除して求められる「有効宅地面積」が、建蔽率と容積率算定の基礎となるべき建築基準法上の「敷地面積」となります。

　なお、敷地が路地状敷地（敷地延長）部分のみによって道路に接する場合は、当該路地状部分は敷地の一部を構成するものとされています。したがって、建築面積を算定する際にはこの部分を「敷地面積」に含めて計算することとなります。

Ⅳ　道路幅員による容積率制限の説明方法

ここがポイント

　容積率が前面道路の幅員により制限を受ける場合は、都市計画において定められた容積率と前面道路の幅員により制限された容積率の双方を説明する必要がある。

1　道路幅員による容積率の制限

　容積率は都市計画により地域ごとに定められますが、当該宅地の前面道路の幅員が12m 未満である場合には、基本的に、当該宅地の容積率は当該前面道路の幅員の m の数値に、第１種低層住居専用地域等の住居系地域については10分の４、その他の地域については10分の６を乗じた数値と、都市計画で定められている容積率の限度（指定容積率）のうち、いずれか小さい数値に制限されます（建築基準法52条１項、２項）。

　例えば、幅員４m の道路に面する宅地の容積率は、以下のようになります。

〈第１種低層住居専用地域〉

　指定容積率100％の場合には、道路幅員制限はなく、都市計画規定の容積率がそのまま適用容積率となります。

$$4（m）× 4 ／10 × 100 = 160 > 100\%$$

〈近隣商業地域〉

　指定容積率300％の場合には、道路幅員制限を受けて、適用容積率は240％となります。

$$4（m）× 6 ／10 × 100 = 240\% < 300\%$$

2　道路幅員による容積率の制限の説明

　都市計画において定められた容積率が前面道路の幅員により制限を受ける場合には、当該宅地の容積率として、「都市計画規定の容積率」と「前面道路の幅員により制限された容積率」の双方を説明する必要があります。

　また、説明に際しては、取引時において実際に適用される容積率は「前面道路の幅員により制限された容積率」であることを説明し、都市計画の

指定容積率が実際に適用されるとの誤解を与えることのないように、留意
する必要があります。

Ⅴ　特例規定の説明方法

ここがポイント

❶敷地が二つ以上の用途地域にまたがる場合は、それぞれの地域内の敷地面積が確定している場合は別として、それぞれの地域の建蔽率と容積率を記載するとともに、建蔽率と容積率は、それぞれの地域の率を、それぞれの地域内の敷地面積で加重平均した率となることを説明しなければならない。

❷特定行政庁が指定する角地の場合や、防火地域内の耐火建築物の場合には、緩和を受けた建蔽率を説明する。

1　二つの区域にまたがる場合

　敷地が二つ以上の用途地域にまたがる場合は、当該宅地に適用される建蔽率と容積率は、それぞれの地域の率を、それぞれの敷地面積で加重平均した率となります（建築基準法52条7項、53条2項）。このため、当該宅地に適用される建蔽率と容積率の説明に際しては、このように算出した率を説明することが原則です。

　しかし、重要事項説明の時点では、それぞれの用途地域内の敷地面積が確定していない場合も少なくありません。このような場合には、敷地がまたがるそれぞれの地域の建蔽率と容積率を記載するとともに、建蔽率と容積率は、それぞれの地域の率を、それぞれの地域内の敷地面積で加重平均した率となることを説明します。

2　角地緩和規定

　建ぺい率については、特定行政庁が指定する角地の場合や、防火地域内の耐火建築物の場合には、その制限を緩和する規定が設けられています（建築基準法53条3項）。

　当該宅地の受ける具体的な制限を説明するという趣旨からは、当該緩和を受けた建蔽率を説明しましょう。

紛争事例紹介　特定紛争　平6. 3. 18

〈概要〉　住居地域と第1種住居専用地域にまたがる物件の売買契約において、媒介業者が調査を怠り、住居地域（建蔽率60％、容積率200％）と誤って説明して、売買契約を締結したため、損害を受けた。

〈責任〉　用途地域、建築制限の調査を怠り、誤った説明をした。

〈結末〉　媒介業者が買主に450万円を支払うことで和解成立。

第4章

私道に関する負担

■ 私道に関する負担の説明

ここがポイント

　私道に関する負担がある場合は、原則として、次の事項について説明するものとする。
　① 　私道負担部分の位置
　② 　負担面積
　③ 　負担部分の権利関係
　④ 　私道を利用するための負担金がある場合は、負担金の額とその内容
　⑤ 　将来、生じることになっている負担がある場合は、その負担の内容

1　私道の種類

　一般に、私道といわれるものには、次のようなものがあります。

　① 　建築基準法42条1項5号により位置の指定を受けた私道（位置指定道路）
　② 　同条2項により道路とみなされた私道（2項道路）
　③ 　通行地役権の目的となっている私道
　④ 　囲繞地通行権（袋地通行権ともいう。）の目的となっている私道
　⑤ 　土地の賃貸借契約の目的となっている私道
　⑥ 　土地の使用貸借契約の目的となっている私道

2　私道に関する負担の説明

　売買の対象になっている宅地の一部が私道の敷地になっている場合は、私道内に建築物を建築できず、私道の変更廃止は制限され、建蔽率も私道予定部分を除いて計算されます。したがって、買主は私道負担を知らないと思いがけない損害を被ることになります（第3章Ⅲ「道路負担と建蔽率・容積率の説明方法」参照）。

　このように買主にとって私道に関する負担の有無、私道部分の面積とその位置等は極めて重要な事項となっていますので、宅建業法35条1項3号

により、重要事項として説明義務が課されています。

　なお、建物の貸借の場合、私道負担に関する事項の説明は不要です。

1）　取引物件（土地）の一部が私道として制限を受ける場合、原則として
　　次の事項について説明します。

　①　私道負担の有無

　　　まず、売買対象物件に関する私道負担の有無について調査し、私道
　　負担がある場合は、私道の種類（例えば、位置指定道路等）を説明し
　　なければなりません。

　②　私道負担部分の位置と面積

　　　私道負担部分の位置と面積をできるだけ実測図で、実測図がない場
　　合は、位置を公図または略図で、面積は、概ねの面積（「約○㎡」の
　　ように）を説明します。なお、私道負担部分が分筆されている場合は、
　　登記記録の面積でも構わないとされています。

　③　権利関係

　　　私道負担部分の権利関係について明らかにしなければなりません。
　　所有者が複数で共有関係にある場合は、共有である旨と持分割合につ
　　いても説明しなければなりません。

　④　負担金

　　　私道を利用するための負担金がある場合は、その金額や負担金の内
　　容について明らかにしなければなりません。

　　　なお、通行料等については今までは無償であっても、売買により所
　　有権が移転することを契機に、買主が私道の所有者から通行料を請求
　　される場合がありますので、宅建業者はこのようなことについて特に
　　注意をして、負担金の有無についての調査をしなければなりません。

　⑤　規約等

　　　私道の維持管理に関する規約等がある場合は、できるだけその規約
　　等の写しを買主に交付し、その内容について説明します。土地の売買

に伴って、規約等で規定している権利・義務が法的に取得者に移転すること（契約上の地位の移転）についても、配慮することが必要です

⑥　将来、生じることになっている負担がある場合

　　将来負担金等が課せられることが明らかな場合、例えば、１年後に市へ移管するため舗装工事を所有者負担で行うというような場合は、負担金がある旨を明らかにし、さらにその金額が分かっている場合にその金額についても説明を要します。

　また、私道負担の種類が、建築基準法の道路でない通行地役権、囲繞地通行権の場合でも、私道の種類と内容、位置・面積のほか、通行権者、通行料、存続期間、登記の有無等について説明します。

　さらに、敷地内を第三者が慣習的に通行しているなどといった事実が第三者にも容易に分かる場合には、その旨を告げておいたほうが、後のトラブルを避けることとなるでしょう。

(2)　次に、取引物件の所有者が第三者所有の私道を使用する場合、次の事項について説明します。

①　取引物件の所有者（利用者）が第三者所有の私道を使用する場合、すなわち、取引物件が第三者所有の私道に接面し、現に利用している場合には、その私道の種類と内容、位置、所有者、通行料・使用料の金額、存続期間、登記の有無その他の使用条件を説明します。

②　私道の使用（通行権等）について、今までの取引物件所有者に対しては無償であっても、買主に所有権が移転することを契機に、私道の所有者から買主が新たに通行料・使用料を請求される場合がありますので、十分に調査することが必要です。

　また、私道へ上下水道・ガス管等を敷設する際は、原則として所有者の承諾が必要となりますし、さらに、承諾料を請求される場合が多いため、よく調査してその内容を説明します。なお、この場合、後のトラブルを避けるために、私道の所有者から堀削・通行等の承諾を事前に取り付けておきましょう

第5章

飲料水、電気、ガスの供給施設と排水施設の整備状況

Ⅰ　飲料水、電気、ガスの供給施設と排水施設に関する重要事項の説明

ここがポイント

　飲料水、電気、ガス、排水等について直ちに利用可能な施設が整備されている場合は、その施設、配管等の状況について説明するものとし、それらの施設が整備予定である場合は、整備の主体、負担金の有無、負担金額・整備予定時期について説明するものとする。

　飲料水、電気、ガスの供給施設と排水施設は、生活を営む上で必要不可欠な施設であり、その整備の状況は特に居住を目的とする宅地建物の買主にとっては、重大な関心事です。したがって、業者は次の点に注意してこれらの説明を行わなければなりません。

［1］ 施設が整備されている場合

(1)　供給元と排水施設名の明示

　飲料水、電気、ガスについては供給元を、排水については排水施設を、以下のとおり、明らかにする必要があります。

　① 　飲料水…水道（公営・私営）、井戸
　② 　電気……電力会社名
　③ 　ガス……都市ガス、プロパンガス（集中・個別）
　④ 　排水……汚水：公共下水、浄化槽（集中・個別（放流先：側溝、浸透式等））、汲取式
　　　　　　　雑排水：公共下水、浄化槽（集中・個別（放流先：側溝、浸透式等））、放流先（側溝、浸透式等）
　　　　　　　雨水：公共下水、放流先（側溝、浸透式等）

　なお、マンション等において、電力等の供給について、特定の供給業者と供給契約を締結することを義務付けられている場合には、その旨を説明する必要があります。

　また、プロパンガスに関して、住宅の売買後においても宅地内の配管設備等の所有権がプロパンガス供給業者にある場合には、その旨を説明する必要があります。

2)　配管の状況

①　前面道路配管の有無、敷地内配管の有無、私設管（前面道路の配管が私有のもの）の有無について、説明することを要します。

　　（例：前面道路に配管がなく、離れた場所から引き込む必要がある場合）

　　　　「本物件の南側前面道路には、給水・排水・ガス管が敷設されていません。そのため、本物件内に給水・排水・ガス管を引き込む場合は、西側約50m 先の道路の本管から分岐する必要があります。この場合、費用（水道局納付金・工事費用）が生じますのでご了承ください。」

②　配管が隣接地または私道を通過している場合は、「私設管」と表示し、接続の可否、承諾料、使用料等について調査し、説明することを要します。

　　（例：私道部分を通過している場合）

　　　　「本物件の給水・排水・ガス管は、前面私道（地番：15番1、乙山三郎所有）を経由して埋設されています。現在、無償にて私道を使用していますが、将来、使用料等が生じる場合があります。また、増築・改築・再建築に当たり私道部分を掘削するときには、私道所有者の承諾が必要となります。」

③　前面道路や敷地内の配管位置については、図面により説明することが望ましいでしょう。ただし、敷地内の配管位置については、調査をしても不明な場合もありますので、この場合は不明である旨を説明すればよいでしょう。

② 施設が未整備であるが、今後の予定がある場合

　現在、施設が未整備の状態にあるが、将来整備される計画がある場合は、整備の主体、負担金の有無、負担金額や整備予定時期について調査し、説明しなければなりません。ただし、負担金の額が明確でない場合は、「未定」である旨を説明します。

　なお、前面道路の配管から宅地までの引込管がない場合でも、前面道路までは配管されているときは、①の「施設が整備されている場合」に当たります。

紛争事例紹介　行政処分　平7.6.27

　〈概要〉新築戸建住宅の売買において、媒介業者が「公共下水直流」
　　　と説明したので、売買契約を締結したが、浄化槽であった。
　〈責任〉排水施設の説明を誤った。
　〈結末〉指示処分。

Ⅱ 整備に当たっての特別の負担

❶整備に当たっての特別の負担とは、直ちに使える状態（前面道路に配管がある場合）における通常の引込費用に比較して、増加する引込費用を指すものとする。

❷建売りについては、水道局納付金は通常分譲代金に含まれることが多く、その場合に別途購入者の負担とすることは好ましくない。

1 整備に当たっての特別の負担

　給排水施設が「整備されていない」場合は、その整備の見通しと、整備に当たっての特別の負担を説明します。

　「整備されている」場合とは、「直ちに使える状態」にある場合をいい、具体的には、「前面道路まで配管されており、いつでも敷地内に引き込める状態」にある場合をいいます。

　このため、整備に当たっての特別の負担とは、直ちに使える状態（前面道路に配管がある場合）における通常の引込費用に比較して、増加する引込費用を指します。

2 水道局納付金、引込工事費、配管改修費用は、特別の負担か

　前面道路にある水道、下水道等の施設管から宅地までの引込工事費、宅地内の埋設工事費や水道局納付金は、施設が整備されている場合にも必要となる費用であるために、特別の負担ではありません。

　当該宅地の属する地区としては給排水施設が整備されているが、当該宅地の前面道路には配管の埋設がなく、相当離れた場所の配管から引込みを行う必要がある場合には、配管から前面道路までの引込費用は、通常は必要とされないものであるため、特別な負担となります。

　また、前面道路に配管があり、施設が「整備されている」場合でも、共同住宅等の建設については、前面道路の配管では供給能力が不足するとし

て、配管の大口径管への改修費用の負担を求められることがあります。取引の目的が示され、その目的の利用方法では前面道路の配管の口径不足が明らかな場合には、「直ちに使える状態」にあるとはいえないので、配管の改修費用は特別の負担となります。

（例：公共下水道の整備がある場合）
　「本物件の前面道路には令和○年○月頃に公共下水道が整備される予定となっています。接続の際には費用が生じますのでご了承ください。」

（例：引込管が細いため、建替え時に口径の変更が必要となる場合）
　「本物件の給水管は、現状13mm管で引込みを行っており、増築・改築・再建築を行う場合には、容量が不足するため引込管の取替えが必要となることがあります。この場合、費用が生じることがあります。」

③ 建売り分譲の場合の取扱い

　建売り分譲において、水道局納付金を購入者負担とする事例が見受けられます。

　建売り分譲の場合には、直ちに入居が可能となる状態で引き渡されるのが原則であり、通常、水道も使用できる状態になっていると考えられているのが一般的です。つまり、引渡し時には水道局納付金は既に納付されており、水道局納付金は分譲代金に含まれている場合が多いといえます。この場合に、水道局納付金を購入者の負担とすることは好ましくありません。

紛争事例紹介　大阪高判　平9．3．25　RETIO38-34

　〈概要〉土地の売買において、媒介業者が飲用水について「私営、整備予定未定、負担金有り、給水は現在水道管の口径上不可」と説明したので、売買契約を締結したが、給水を受ける権利はなく、市営水道から給水を受けるためには高額の費用を負担する必要があ

る。

〈責任〉飲用水の整備状況について、説明を誤った。

〈結末〉媒介業者に901万円の支払いを命じた。過失相殺2割。

Ⅲ　私道への配管の埋設と私道所有者の承諾

ここがポイント

　取引の目的が示され、私道への配管の新設または改設の必要性が明らかな場合には、私道への配管の埋設には私道所有者の承諾を取得する必要がある旨を説明する必要がある。

　なお、私道への配管の新改設の必要が明らかな場合には、契約締結の前に私道所有者の埋設承諾を得るか、または承諾取得を契約の条件とすることが望ましい。

1　私道への配管の埋設と私道所有者の承諾

　私道は他人の通行が認められているとはいえ、あくまでも私有地であるため、私道に配管を埋設するためには私道所有者の承諾を必要とします。

　私道所有者の埋設承諾は、物件を継続利用している場合は問題となることはまれですが、不動産取引を契機に問題が表面化することが多いのが実情です。特に、取引対象が更地で新たに配管を引き込む場合、宅地を分割するために新たに配管を引き込む場合や、既存の建物を取り壊して共同住宅に建て替えるために配管を大口径の物に改設する場合等においては、私道所有者が私道への配管の埋設に関する承諾を与えない事例や、承諾料を要求されトラブルとなる事例が見られます。

2　配管の埋設についての私道所有者の承諾の必要性

　私道への施設管埋設に関する私道所有者の承諾は、常に承諾が取得できるとは限らず、当該土地の利用の可否にもかかわる重要な事項ですので、私道負担の一種といえます。ただ、私道負担という場合には通行のことが意識され、私道への施設管埋設に関する私道所有者の承諾の必要性は、一般には、私道に関する負担として説明するものとはされていません。

　しかし、一般の購入者が、接面道路が私道であるとの説明を受けただけで、建物の建築に当たって私道に配管を新設または改設するために私道所有者の承諾が必要であることを理解できるとは思われません。したがって、後々のトラブルを回避するためには、当該取引が、現状の建物をそのま

利用する場合は別として、私道への配管の新設または改設の必要性が明らかな場合には、私道への配管の埋設には私道所有者の承諾が必要であることを説明する必要があります。

なお、私道への配管の新改設の必要が明らかな場合には、契約締結の前に私道所有者の埋設承諾を得るか、または承諾取得を契約の条件とすることが望ましいでしょう。

紛争事例紹介　行政処分　平7.3.25

〈概要〉　土地付建物の売買において、媒介業者が水道管及びガス管が隣接地を通過して埋設されていることについて調査を怠ったため、媒介業者からその説明を受けないまま、契約を締結した。

〈責任〉水道管等の隣接地埋設について、調査説明を怠った。

〈結末〉指示処分。

紛争事例紹介　行政処分　平10.11.16

〈概要〉　建売住宅の売買において、水道引込管が13mm（通常20mm）であるにもかかわらず、売主業者がその説明をせず、売買契約を締結したため、水圧が低く、被害を受けている。

〈責任〉　水道の供給について、説明を怠った。

〈結末〉　業務停止7日。

第6章

未完成物件の売買と工事完了時売買における説明事項

> **ここがポイント**
>
> 　未完成物件の売買における説明は、購入者が完成後の物件のイメージを形成できる程度に行うことを原則とする。また、建物の工事完了時売買においても、未完成物件の売買と同様の説明を行わなければならない。

1　未完成物件の売買と工事完了時売買における留意事項

　物件の完成前の取引では、既に完成した物件の取引と違って、売買の対象となるべき物が出来上がっていませんから、購入者が目で見て物件を確認することができません。このため、物件の完成後の形状・構造等が、購入者が予想していたものと食い違って、トラブルになることがよくあります。

　宅建業者としては、購入者が未完成物件の売買であっても、通常の取引と同じように安心して取引できるようにすべきであり、このため、説明については、完成後の物件のイメージを購入者が十分形成できるように丁寧に行わなければなりません。説明方法については、「解釈・運用」において、具体的に示されています。

　また、建物の工事完了時売買についても、未完成物件の売買と同様の説明を行うべきこととされています。

2　未完成物件の売買における説明事項

(1)　宅地の形状、構造

　当該宅地の地積、外周の各辺の長さを記入した平面図を交付し、また、当該宅地の道路からの高さ、擁壁、階段、排水施設、井戸等の位置・構造等について説明し、特にこれらの施設の位置については、上記の平面図に記入します。なお、上記の平面図は、これらの状況が十分に理解できる程度の縮尺のものにします。

(2)　建物の形状、構造

　当該建物の敷地内における位置、各階の床面積及び間取りを示す平面図（マンション等建物の一部にあっては、敷地及び当該敷地内における建物

の位置を示す平面図並びに当該物件の存する階の平面図並びに当該物件の平面図）を交付し、また、当該建物の鉄筋コンクリート造、ブロック造、木造等の別、屋根の種類、階数等を説明します。なお、上記の平面図は、これらの状況が十分に理解できる程度の縮尺のものにします。

3) 宅地に接する道路の構造と幅員

道路については、その位置及び幅員を前記(1)の平面図に記入し、また側溝等の排水施設、舗装の状況等について説明します。

4) 建物の主要構造部、内装及び外装の構造または仕上げ

主要構造部（建築基準法上の主要構造部をいう。）については、それぞれの材質を、内装及び外装については、主として天井及び壁面につき、その材質、塗装の状況等を説明します。

5) 建物の設備の設置と構造

建築基準法上の建築設備のほか、厨房設備、照明設備、備付けの家具等当該建物に附属する設備（屋内の設備に限らず門、塀等屋外の設備をも含む。）のうち主要なものについて、その設備の有無及び概況（配置、個数、材質等）を説明し、特に配置については、図面で示すことが必要かつ可能である場合には、前記(2)の平面図に記入します。

6) 工事完了時売買

宅地建物の工事完了前売買については、工事完了時における当該宅地建物の形状、構造その他国土交通省令で定める事項を記載した書面を交付して説明することとされていますが、工事完了時売買についても、工事完了前売買と同様にこれらの事項について説明します。

また、いずれの場合においても、図面その他の書面への記載に当たっては、建物の構造、設備、仕上げ等について購入者が理解しやすいように具体的に記載します。

7) 図面の交付と重要事項説明書への記載

図面を交付したときは、その図面に記載されている事項は、改めて重要事項説明書に記載することを要しません。

紛争事例紹介　東京地判　平21.8.27　RETIO78-103

〈概要〉　買主が、媒介業者に、全室南に面したマンションの購入希望を伝えて、未完成物件であったマンションを購入したが、買主が希望する物件とは異なるものであることが判明した。
〈責任〉　媒介業者が完成図面を取り違えて買主に説明していた。
〈結末〉　媒介業者に支払った媒介報酬の返還が認められた。

〈補足：建築条件付土地売買について〉

建築条件付土地売買における問題

　未完成物件の売買によく似た取引形態として、建築条件付土地売買があります。建築条件付土地売買契約とは、買主が、売主または売主の指定する者との建物建築請負契約を一定の期間内に締結することを条件とする土地売買（分譲契約）をいいます。いわば、土地の売買と建物の建築請負とのセット販売です。

　建築条件付土地売買については、従来は独占禁止法で禁止している「不公正な取引方法」に該当するおそれがあるものとして取り扱われてきましたが、平成15年3月20日、公正取引委員会は、建築条件付土地売買について、「それ自体が直ちに独占禁止法上問題となるものではなく、当該宅地建物取引業者の市場における地位、宅地建物の需給の状況等を踏まえて、公正な競争を阻害するおそれがあるかどうかで判断されるものである。」との見解を示しました。これを受け、平成15年7月23日には、不動産の表示に関する公正競争規約施行規則が改正されています。

　具体的には、「土地を販売するに当たり、当該土地に建物を建築すること又は当該土地の売主若しくは売主が指定する建設業者（建設業を営む者をいう。）との間において、当該土地に建築する建物について一定期間内に建築請負契約が成立することを条件とするときは、当該取引の対象が土地である旨並びに当該条件の内容及び当該条件が成就しなかったときの措置の内容を明らかにして表示すること。」とされました。

　また、建築条件付土地売買と宅建業法との関係については、未完成建物

の売買に宅建業法の規制が適用されるか否かの問題があります。

建築条件付土地売買の中には、未完成建物の売買については、請負契約であって、業として営んでも宅建業法の対象である宅建業（宅建業法2条2号）に当たらないと考えられるものもあるでしょう。

しかし、建物の間取りや、建物の各部位・建築設備の仕様等に関する顧客側の注文が乏しい場合には、実質的に請負契約というより、売買契約と解されるものもあるでしょう。

いずれにしても、未完成物件の売買に関する宅建業法の規制、すなわち、

①　広告開始時期の制限（33条）

②　重要事項説明（35条）

③　契約締結等の時期の制限（36条）

等の規制に違反していると認定されないよう、少なくとも、建築請負契約が、顧客の積極的な注文・指示に従って行われる内容になっている必要があります。

加えて、「解釈・運用」（35条1項8号関係）においては、宅地業者は、建築条件付土地売買契約を締結する場合には、「建物の工事請負契約の成否が土地の売買契約の成立又は解除条件である旨」や、「工事請負契約が締結された後に土地売買契約を解除する際は、買主は手付金を放棄することになる旨」を説明することとされています。

また、買主と建設業者等の間で予算、設計内容、期間等の協議が十分に行われていないまま、「建築条件付土地売買契約の締結と工事請負契約の締結が同日又は短期間のうちに行われることは、買主の希望等特段の事由がある場合を除き、適当でない」ともされています。

建築条件付土地売買契約をめぐるトラブルは、引き続き、よく見受けられますので、これらの取扱いに十分留意する必要があるでしょう。

紛争事例紹介　行政処分　平28. 3. 23

〈概要〉　買主と土地売買契約を建築条件付で締結し、同日付で買主との間で内容を十分に協議せず、内容が定まらないまま工事請負契約を締結し、土地売買契約の停止条件を成就させた。

〈責任〉　不当に土地売買契約の条件を成就せしめるものであり、業務

　　に関し取引の公正を害する行為に該当し、取引の関係者に損害を
　　与えるおそれが大である。
〈結末〉　指示処分。
　　　併せて、過去10年間に建築条件付土地売買契約及び当該売買契
　　約に係る工事請負契約を締結した案件で、契約解除に至ったもの
　　のうち、手付金放棄、前払金放棄、違約金または損害賠償等が発
　　生しているものを洗い出し、文書をもっての報告することが命じ
　　られている。

第7章

区分所有建物に関する説明

I　区分所有建物と重要事項説明

ここがポイント

> 　区分所有建物とは、構造上区分され、独立して住居・店舗・事務所等の用途に供することができる数個の部分から構成されているような建物をいい、通常の建物に比べて、特別の調査・説明が必要である。

1　区分所有建物とは

　構造上区分され、独立して住居・店舗・事務所等の用途に供すること〔が〕できる数個の部分から構成されているような建物を、「区分所有建物」〔と〕いい、区分所有建物に関するルールは、「建物の区分所有等に関する法律〔（以下「区分所有法」という。）」で定められています。

　区分所有法では、マンション等の「一棟の建物に構造上区分された数〔個〕の部分」で「独立して住居、店舗、事務所又は倉庫その他建物としての用〔途〕に供することができるもの」があるときは、その各部分は、「それぞ〔れ〕独立の（区分）所有権の目的とすることができる」とされています（区分〔所〕有法1条）。

　一棟の建物は、一般的には一個の不動産として一個の所有権の対象と〔さ〕れますが、その各部分が、構造上区分されていること（隔壁、階層等に〔よ〕り他の部分と遮断されていること＝構造上の独立性）と、独立して建物の〔用途に供することができること（利用上の独立性）の二つの要件を満た〔し〕ているときは、各部分ごとにそれぞれ独立の所有権の対象とすることが認〕められています。

　例えば、マンションの住居部分、商業ビル・事務所ビルの区画された〔各〕店舗・事務所部分などに加え、いわゆる連棟式建物の各戸などもこれに当〕たるとされています。

　このような建物の区画された部分を対象とする所有権を「区分所有権」〕といい、区分所有権の対象である建物の部分を「専有部分」といいま〔す〕（区分所有法2条）。

② 区分所有建物の重要事項説明

　以上のように、区分所有建物については、通常の建物に比べて法律関係
が異なりますので、建物・その敷地に関する権利、管理・使用に関する事
項について、調査して説明することが必要です。

　なお、建物の貸借の場合、説明すべき事項は、専有部分の利用制限に関
する規約の内容、管理の委託を受けている者の氏名・住所（管理委託を
行っている場合）となります（宅建業法施行規則16条の２）。

Ⅱ　区分所有建物の表示

ここがポイント

　　区分所有建物については、専有部分について、室番号、専有面積を、一棟の建物について、建物の名称、所在地を、敷地について、権利の種類、登記記録面積、実測面積、共有持分を表示する必要がある。

　　なお、一棟の建物の表示としては、築年数、延べ床面積、構造、総戸数等をも、併せて表示することが望ましい。

① 区分所有建物の「物件の表示」

　区分所有建物の売買では、その対象は区分所有建物の専有部分ですが、専有部分に関する事項だけでは物件の明示・特定には不十分であるため、物件の表示としては、これに加えて、一棟の建物に関する事項と敷地に関する事項についても表示する必要があります。

　なお、建物の貸借の場合には、一棟の建物・敷地や、管理・使用の説明事項について、簡素化が行われています（宅建業法施行規則16条の2）。

② 表示すべき事項

(1)　専有部分に関する事項の表示

　専有部分については、室番号、専有面積を表示します。ただし、不動産登記記録との整合性を考えると、不動産登記記録上の「家屋番号」も表示することが望ましいでしょう。

　また、専有面積の表示は、一般的には、建築確認の申請における床面積（壁芯面積）を用いることが多いようですが、登記記録面積（内法面積）は、必ずそれよりは少なくなります。区分所有法では、専有面積は原則として内法方式で計算されること（区分所有法14条3項）、税法上の軽減措置などは登記記録面積をもとに行われること等を踏まえ、重要事項説明書には壁芯面積のほか、登記記録面積を記載すべきでしょう。

）　一棟の建物に関する事項の表示

区分所有建物の専有部分を含む一棟の建物については、建物の名称、所
地を表示します。ただし、一棟の建物の主要な状況は、購入意思決定の
要な判断材料の一つですので、一棟の建物の築年数、延べ床面積、構造、
戸数等をも表示することが望ましいでしょう。

）　敷地に関する事項の表示

敷地については、権利の種類、登記記録面積、実測面積（地積）、共有持分を
示します。また、物件の明示・特定のために、敷地となる土地の各筆ご
の所在、地目をも表示することも必要でしょう。
このうち、権利の種類については、所有権、地上権、賃借権等に区別し
記載します。地上権、賃借権等の場合は対象面積に加え、存続期間、地
・貸借料等（各区分所有者分）も併せて記載することが必要です。

Ⅲ　敷地権

ここがポイント

敷地権たる旨の登記がある場合には、次の事項を説明する必要がある。

① 敷地利用権は、区分所有者全員による（準）共有であること
② 敷地利用権は、専有部分と分離して処分できないこと
③ 敷地権たる旨の登記がなされると、敷地利用権に関する権利変動の登記は省略されること

1 敷地利用権とは

民法の一般原則では、建物と土地とは別個の不動産であるとされていますので、建物を建設し所有する者は、土地に対し何らかの使用権原がなければなりません。区分所有建物においてもほぼ同様で、専有部分を所有する者は建物の所在する土地（敷地）につき何らかの利用権を持たなければならず、専有部分を所有するための建物の敷地に関する権利を区分所有法では「敷地利用権」といいます（区分所有法2条6項）。

敷地利用権には、所有権、地上権、賃借権等の態様がありますが、マンションの場合、一般的には所有権のときは全員で共有し、借地権（地上権・賃借権）のときは全員で準共有するという形態になります。このように、共有または準共有の関係にある敷地利用権の場合は、区分所有建物の専有部分（建物）とその敷地利用権につき一体不可分の原則を採用し、原則として、専有部分と敷地利用権とは分離処分できないこととされています（区分所有法22条1項）。

2 敷地権登記

敷地利用権であって、区分所有法により、「区分所有者の有する専有部分と分離して処分することができないもの」を不動産登記法上、「敷地権」と呼びます（不動産登記法44条1項9号）。

そして、この「敷地権」の登記がなされると、専有部分と敷地利用権の両者に一体的に生ずる権利変動は、専有部分の登記記録にのみ登記し、こ

の登記がなされると敷地利用権についても同様の登記がなされたものとみ
なし、土地登記記録への登記を省略することになっています。

　具体的には、所有権移転、抵当権等の担保権設定などの処分行為や、こ
れらに類する行為（例えば、区分所有者が第三者から受ける差押え、仮差
押え、仮処分）は、このような一体性の原則が採用されます。

　なお、区分所有者は、専有部分と敷地利用権とを分離して処分すること
はできません。したがって、区分所有者が、分離処分の禁止に違反して、
専有部分だけ、または敷地利用権だけを処分したときは、その処分は無効
になります。

Ⅳ　区分所有建物の土地登記記録

　　敷地権登記のない区分所有建物に限らず、敷地権登記のある区分所有建物についても、敷地となっている土地の登記記録を調査説明する必要がある。

1　区分所有建物の土地登記記録の調査

　区分所有法では、専有部分と敷地利用権とは分離処分できないという「一体性の原則」が採用されているため、区分所有建物の敷地となっている土地の登記記録調査を省略する事例も散見されます。

　しかし、昭和58年の区分所有法改正後においても、敷地権登記を行わない区分所有建物もあり、また「一体性の原則」は規約で排除することも可能なことから、区分所有建物の敷地となっている土地の権利のすべてが専有部分と分離して処分できなくなったというわけではありません。

　このため、土地権利関係の予想外の変動により物件取得者が不測の損害を被るのを防止するためには、敷地権登記のない区分所有建物について当然のこととして、敷地権登記のある区分所有建物についても、敷地となっている土地の登記記録調査を行う必要があります。

2　調査の留意点

　区分所有建物の敷地となっている土地の登記記録調査に当たっては、以下に留意しつつ、慎重に調査する必要があります。

(1)　敷地権登記のないもの

　昭和58年の区分所有法の改正により、専有部分と敷地利用権とは原則として分離処分できないとされましたが、規約で分離処分ができる旨の別段の定めをなすことができます（区分所有法22条1項但書）。また、区分所有法の改正以前から存在する区分所有建物については、政令で定める日（昭和63年12月28日）までに敷地権登記がなされなかった建物は、規約で分離処分できる旨を定めたものとみなされます（区分所有法附則8条）。

　敷地権登記がなされていない区分所有建物の敷地については、通常の共有土地と同様の登記記録調査を行う必要があります。

2) 敷地権登記のあるもの

①　敷地権登記以前の登記事項

　敷地権登記によって、敷地利用権は専有部分と一体処分され、単独の登記が制限されるようになります。

　しかし、敷地権登記は、敷地利用権について登記された他人の権利が存在している場合にも行うことができ、その敷地権登記以前に既になされている敷地利用権に係る登記は消滅するものではありません。

　このために、敷地権登記がある場合でも、その敷地権登記以前に既になされている買戻権、抵当権、敷地利用権等の仮登記等の登記は有効に存在し、買戻権等が実行された場合は、建物の区分所有者はその敷地利用権を失う場合も生じます。

　区分所有建物の取得者に不測の損害を与えるおそれのある他人の登記が存在する場合があることに留意して、敷地権登記以前の登記事項についても調査を行う必要があります。

②　敷地利用権が借地権である場合

　敷地利用権が借地権である場合、敷地権登記以後においても、土地所有者は敷地利用権に抵触しない限度において、土地の売却、抵当権の設定等の処分を行うことができます。

　この場合には、通常の借地権取引と同様の土地登記記録調査を行う必要があります。

V 区分所有建物の登記記録

ここがポイント

❶区分所有建物の建物登記記録については、一般の建物の建物登記記録と同様に説明する必要がある。

❷土地登記記録については、敷地権登記がある場合には、「敷地権登記により建物と一体」である旨を説明する必要がある。

敷地権登記がなく、通常の共有持分登記である場合には、土地登記記録の説明は、通常の共有持分登記と同様の方法で行う必要がある。この場合、共有者が多数のときは、共有者数のみを表示して共有者名を省略することも認められる。

1 区分所有建物の建物登記記録の説明

　マンション等の区分所有建物の建物登記記録は、各専有部分（各住戸）ごとに通常の登記記録（表題部、甲区、乙区）が設けられるほかに、一棟の建物についての表題部が作成されます（不動産登記法12条）。

　専有部分の建物登記記録（表題部）は、一般の建物登記記録と比較して、所在の表示がなく（一棟の建物の表題部に表示される。）、反対に、「家屋番号」と「敷地権の表示（敷地権の種類及び割合等）」が追加されています。その他の項目は一般の建物登記記録と同じです。

　一棟の建物の建物登記記録（表題部）には、建物全体としての、所在、建物の番号、構造、（各階）床面積、専有部分の家屋番号（総戸数）、敷地権の対象となる土地の所在、地目、地積等が表示されています。

　その他、専有部分の権利関係を記載する甲区、乙区は、一般の建物の建物登記記録と同じです。

　いずれにしても、このような建物登記記録の内容を踏まえ、説明を行うことが必要です。

2 区分所有建物の土地登記記録の説明

(1) 敷地権登記がある場合

　先に述べたとおり、敷地権の登記がなされると、専有部分と敷地利用権

の両者に一体的に生ずる権利変動は、専有部分の登記記録にのみ登記し、土地登記記録への登記は省略することになっています。

　このため、敷地権登記のある土地登記記録については、「敷地権登記により建物と一体」である旨説明します。

2)　共有持分登記の場合

　敷地権登記がなく、共有持分登記の場合には、通常の共有持分登記と同様の方法で説明します。共有者が多数（5人以上をめどとする。）の場合については、共有者の記載の意義が乏しいため、記載の煩雑化防止のために共有者数のみを表示して、共有者名を省略できるものとされています。しかし、区分所有者以外の共有者が存在する場合は、その共有者名と持分は必ず記載するものとします。

　なお、各区分所有者の共有持分の登記記録については「共有持分（○／□□）については建物と同一」との記載方法も認められます。

Ⅵ　規約の定め

❶規約の調査に際しては、売主に対する調査だけでなく、管理組合、管理会社に対する調査も行う必要がある。

❷規約等の説明に際しては、規約内容等の書面への記載に代えて規約等を別添することも差し支えないものとする。この場合、書面には「別添規約○条参照」と記載の上、別添の規約の該当箇所を明示する必要がある。

1　規約の定め

　区分所有者は、全員で建物や、その敷地・附属建物の管理を行うために団体（管理組合）を構成するものとされています（区分所有法3条）。

　管理組合は、建物や、その敷地・附属施設の管理または使用に関する規約（管理規約）を定めることができるとされています（区分所有法30条）。

　管理規約は、建物の管理について定めることができるとされていますので、共用部分の管理だけでなく、専有部分の管理についても設けることができ、室内（専有部分）での動物の飼育禁止等の制限を設けることができます。

　管理規約は、区分所有者以外の関係者の利害関係にも影響することが少なくありませんので、管理者（管理組合の理事長等）に対して、規約の保管と利害関係人への閲覧を義務付けています（区分所有法33条）。

2　区分所有建物の規約の定め等の調査説明

(1)　調査方法

　管理規約の調査においては、区分所有建物の取引に関与する宅建業者は利害関係人として規約を閲覧する権利を有するので、売主に対する調査のみでなく、規約を保管していると思われる管理組合、管理会社に対する調査を行わなければ、業者としての義務を果たしたとはいえません。

2)　説明方法

　宅建業法35条1項6号により、区分所有建物については、規約の定め等を重要事項として説明するものとされています。重要事項説明では、書面（重要事項説明書）に記載して説明するのが原則ですが、規約の定め等が長文にわたる場合には、重要事項説明書にはその要点を記載すれば足りることとされています。また、この場合、要点の記載に代えて、規約等の写しを添付することとしても差し支えありませんが、該当箇所を明示する等により、相手方に理解がなされるよう配慮する必要があります。

Ⅶ　共用部分

ここがポイント

❶規約に定める共用部分の範囲や、取引対象住戸の共有持分を説明する必要がある。

❷規約共用部分についてだけでなく、法定共用部分についても、その範囲も含めて説明する必要がある。

1　共用部分

　共用部分とは、専有部分以外の建物の部分、専有部分に属さない建物の附属物や、区分所有法4条2項の規定による附属の建物をいいます（区分所有法2条4項）。

　共用部分については、法律上、当然に共用部分となるもの（法定共用部分）と区分所有者の定める規約により共用部分となるもの（規約共用部分）とがあります。

2　共用部分の所有と管理

　共用部分は、区分所有者全員の共有に属するものとされます（区分所有法11条）。その各共有者の持分割合は、その有する専有部分の床面積の割合によるとされています（区分所有法14条1項）。

　各共有者は、規約に別段の定めがない限り、その持分に応じて共用部分に関する費用を負担し、利益を取得します（区分所有法19条）。

3　共用部分に関する規約の定め

　共用部分に関する区分所有者の持分割合は、規約により別段の定めをすることが可能であり（区分所有法14条4項）、別段の定めをした場合にはその内容を説明することとされています。

　共用部分の範囲については、規約共用部分のみ説明し、法定共用部分の説明は必要ないとの考えもありますが、説明することが望ましいでしょう。また、法定共用部分であっても、規約で確認的に共用部分とする旨の定めがある場合は、その旨説明しなければなりません。

　なお、共用部分に関する規約が長文にわたる場合においては、その要点
を記載すれば足りるものとされています。

VIII　専用使用権

ここがポイント

❶専用使用権が設定されている場合は、その項目を記載するととも
に、専用使用料を徴収している場合にあっては、その旨やその帰
属先を説明する必要がある。

❷駐車場については特にトラブルが多発していることから、使用で
きる者の範囲、使用料の有無、使用料を徴収している場合にあっ
ては、その帰属先等を説明する必要がある。

1　専用使用権と規約の定め

(1)　専用使用権とは

　共用部分（例えば、ピロティー、屋上、壁面）や敷地の一部について、
特定の区分所有者または区分所有者以外の第三者が、一定の目的のために
専ら使用する権利を有する場合、このような権利を専用使用権といいます
（マンション標準管理規約〈単棟型〉2条8号）。

　専用使用権については、区分所有法には特段の定めはなく、共用部分は
本来は共有者全員が使用できるものですから、特定の者が専ら使用するこ
とは認められるのかとの疑問もあり得ますが、この点については、専有部
分の使用に差し支えのない範囲で、共用部分と敷地の一部をどのように利
用するかは区分所有者の自由であるといわれています。

　専用使用権の対象となる物としては、専有部分に付随するものとして、
専用庭、バルコニー等があり、これらは規約により設定されます。

　なお、旧標準管理規約では、駐車場の使用について、「専用使用権」と
規定していましたが、駐車場は共有敷地であって、管理組合と特定の区分
所有者等との間での賃貸借契約であることを明確にするため、平成9年2
月の改正で「専用使用権」の文言を削除し、「駐車場の使用」とされまし
た。

(2)　専用使用権の対価

　専用使用権については、玄関扉、ベランダ等の各住戸に共通するものは
則として、バルコニー、屋上テラス等ですべての住居に附属していない場
合には、公平の見地から、専用使用料を徴収することがあります（マン
ション標準管理規約〈単棟型〉14条）。

2　専用使用権（「駐車場の使用」を含む）の説明

　共用部分は、本来は共有者全員が使用できるものでありますから、特定
の者が排他的使用権を持つことは、共有者の利害に大きく影響するために、
専用使用権の設定がなされている場合には、その対象・内容や、専用使用
料を徴収しているときは金額・帰属先等を説明することとされています。
特に、駐車場については、トラブルが多発していることから、使用できる者
の範囲、使用料の有無、使用料を徴収しているときは金額・帰属先等を説
明することとされています。

Ⅸ 計画修繕積立金、管理費用

ここがポイント

❶計画修繕積立金はマンション全体の額、通常の管理費用は当該住戸の負担となる額、滞納額は当該住戸に係る額を説明する必要があります。なお、滞納額については、マンション全体の額を併せて説明することが必要である。

❷マンション管理規約（その案を含む。）に定められている条項のうち、購入者にとって金銭的に不利な条項や、過去の修繕の実施状況が記録されているときはその旨を説明する必要がある。

❸管理会社から、重要事項調査報告書を取り寄せ、重要事項説明書に添付するととともに、重要部分は説明することが望ましい。

1 計画修繕積立金

　区分所有建物については、計画的な維持修繕が不可欠であり、その維持修繕に備えて、いわゆる計画修繕積立金が設けられています。

　「計画的な維持修繕」とは、一般の管理費で賄われる通常の維持修繕とは別に、2～3年を超える相当の期間をおいて行われる維持修繕をいいます。

　計画修繕積立金の大小は、管理水準の判断材料の一つであり、また、将来の修繕費用の負担に関係して、購入者の意思決定に影響を与えますので、その制度の内容（各住戸の負担する月々の額）と「既に積み立てられている額」を説明するものとされています。

　なお、この積立額は時間の経過とともに変動するので、できる限り直近の数値（直前の決算期における額等）を、時点を明示して記載することとされています。

2 通常の管理費用

　通常の管理費用は、管理水準の判断材料の一つであり、また、管理形態等により金額に相当の差異があり、購入者にとって予想外の負担となることもありますので、説明を要する事項とされています。

　なお、説明すべき「通常の管理費用」とは、共用部分に係る共益費等に

当するため、区分所有者が月々負担する経常的経費をいい、修繕積立金
に充当される経費は含まれないものとされています。

3 滞納額

　各区分所有者が負う共用部分の管理費用（計画修繕積立金、通常の管理
費用）については、管理組合は、当該区分所有者の特定承継人＝購入者に
対しても請求できるとされています（区分所有法8条）。

　このため、中古マンションの売買において、売主が管理費用を滞納して
いる場合には、購入者がその滞納額の請求を受ける可能性が大きく、購入
者が予想外の負担を強いられ、トラブルとなる事例も見受けられます。

　このようなトラブルを防止するために、計画修繕積立金、通常の管理費
用について滞納があるときは、その額を告げることとされています。

　この滞納額の説明は、購入者が予想外の負担を強いられるのを防止する
ためになされるのですから、当該住戸に係る額を説明すればよいわけです
が、併せて、滞納管理費の処理方法や、取得者に対して滞納額が請求され
ることがあることを説明する必要があります。

　また、マンションの今後の管理を判断する材料となりますので、マン
ション全体の計画修繕積立金、通常の管理費用の滞納額も併せて説明する
ことが望ましいでしょう。

4 管理が委託されている場合の説明

　一棟の建物とその敷地の管理が委託されているときは、その委託を受け
ている者の氏名・住所（「マンションの管理の適正化の推進に関する法
律」の登録を受けている業者の場合は、その登録番号を含む。）を説明し
ます。なお、管理委託契約の主たる内容も併せて説明することが望ましい
でしょう。

5 「購入者にとって金銭的に不利な条項」等の説明

　新築マンションの分譲の場合、分譲開始時点で管理組合が実質的に機能
していないため、一般的には宅建業者が管理規約の案を策定し、これを管
理組合が承認する方法で定められます。このため、購入者にとって不利な
金銭的負担が定められている規約が存在することも見受けられました。

　このため、規約（その案を含む。）の中で、購入者にとって不利な金銭

的負担が定められている条項については、重要事項として説明しなけれ[ば]なりません。

　〈購入者にとって金銭的に不利な規約の例〉
　①　分譲マンションの修繕積立金は、全戸が毎月着実に積み立てるこ[と]が前提であるにもかかわらず、販売業者である宅建業者は分譲マ[ン]ションの未販売住戸の修繕積立金を負担しなくてもよいとする規定。
　②　分譲マンションの管理費は、全戸から徴収することが前提である[に]もかかわらず、宅建業者が空室の管理費を負担するのは、年間を通[じ]管理委託費などの支出が管理費収入を超過することとなった場合の[不]足分のみとする規定。

　また、過去の修繕の実施状況も管理水準の判断材料の一つであること[か]ら、実施状況が記録されているときは、その旨を重要事項として説明し[な]ければなりません。

6 重要事項調査報告書の添付等

　多くのマンション管理会社においては、請求すれば（有料）、重要事[項]調査報告書（管理費や修繕積立金の額、滞納の有無・額、修繕の実施記[録]今後の修繕計画等をまとめた報告書）を提供することになっています。
　調査説明義務を全うするためにも、マンション管理会社から、重要事[項]調査報告書を取り寄せ、重要事項説明者に添付するとともに、重要部分[を]説明することが望ましいでしょう。

紛争事例紹介　行政処分　平10.12.15

〈概要〉　中古マンションの売買において、媒介業者が管理費用と修繕
　　積立金を重要事項説明書に記載せずに、売買契約を締結した。買
　　主は業者の口頭説明により2万5,000円と考えていたところ、実際
　　には4万円であった。

〈責任〉　管理費及び修繕積立金について、調査を怠り、その金額を重
　　要事項説明書に記載しなかった。

〈結末〉　指示処分。

Ⅹ　大規模修繕

ここがポイント

　大規模修繕は、管理費用の特別徴収等により、購入者等に予想外の負担を発生させることがあるので、調査して説明する必要がある。

1　大規模修繕

　区分所有建物については、その機能、財産価値を維持するためには、計画的な維持修繕が不可欠であり、概ね4～6年程度の間隔で行われる外部金具の塗替え等の「計画修繕」と、概ね10～20年程度の間隔で行われる外壁の補修、屋根の防水補修等の「大規模修繕」があります。

　計画修繕については、通常の修繕積立金で賄えることもあって、通常はその実施計画が定められています。しかし、大規模修繕については、長期修繕計画があったとしても、多額の費用がかかることもあり、必要となった都度、アンケート等の方法により区分所有者の意向を調査して、具体的な実施計画を固めていく場合が多いようです。

2　大規模修繕の調査説明

(1)　管理費用の特別徴収

　大規模修繕がなされた場合は、修繕積立金の取崩しだけではその費用を賄えず、その不足額を区分所有者から特別徴収する事例もあります。

　購入者の入居後に特別徴収の請求がなされたり、契約の締結や引渡しに前後して大規模修繕の実施が決定され、購入者が特別徴収の負担を余儀なくされ、購入者が予期しなかった負担の発生でトラブルとなる事例もみられます。

(2)　大規模修繕の調査説明

　宅建業者は、この種のトラブルを防止するために、中古マンション（特に築10年前後のもの）の取引に関与する場合は、長期修繕計画の有無、具体的な大規模修繕の有無、特別徴収の有無等について、調査して説明する

要があります。

　具体的な大規模修繕の計画等が管理組合の総会、理事会で計画が決定さ
ていれば、調査・説明もさほど困難ではありません。他方、例えば、区
所有者の意向調査のアンケートが実施されているにすぎない段階では、
具体的な大規模修繕の有無等を的確に判断することが困難な場合も多く、
このような場合には、確定していない情報であっても、管理組合の総会の
議事録等、媒介業者として知り得る情報をできるだけ買主に伝えることが
要です。

第8章

既存住宅の説明事項
（建物状況調査、建築・維持保全の
状況に関する書類の保存状況）

Ⅰ　既存住宅の建物状況調査

　既存住宅については、建物状況調査（いわゆるインスペクション）を実施しているかどうか、実施している場合には、その結果の概要を調査し、説明する必要がある。

1　建物状況調査（いわゆるインスペクション）

　既存住宅流通が増加しない要因として、消費者が住宅の質を把握しにくく、住宅の質に対する不安を抱えていることが指摘されてきました。

　建物状況調査（いわゆるインスペクション）とは、一定の専門的な知識を有する者が、建物の基礎・外壁等に生じている劣化事象や不具合事象（割れ、雨漏り等）の状況を目視・計測等により調査するものですが、消費者が安心して既存住宅の取引を行える市場環境を整備するため、その普及は大変重要な課題となっています。

2　建物状況調査に関する説明

　このため、平成30年の宅建業法の改正では、「既存住宅」について、「建物状況調査」を実施しているかどうか、実施している場合には、その結果の概要を調査し、説明することが必要となりました。

　「既存住宅」とは、具体的には、①人の居住の用に供した住宅、②建設工事の完了の日から1年を経過した住宅、のいずれかに該当するものです。したがって、戸建住宅でも、マンション・アパートでも対象となり、その売買だけでなく賃貸の場合も対象となりますが、店舗や事務所は対象になりません。

　また、「建物状況調査」とは、具体的には、

①　「既存住宅状況調査技術者講習登録規程」に基づく「既存住宅状況調査技術者」が、

②　建物の構造耐力上主要な部分または雨水の浸入を防止する部分を、

③　「既存住宅状況調査方法基準」に規定する方法で行った

●建物状況調査とは？

　国土交通省の定める講習を修了した建築士が、建物の基礎、外壁など建物の構造耐力上主要な部分及び雨水の浸入を防止する部分に生じているひび割れ、雨漏り等の劣化・不具合の状況を把握するための調査です。

【木造戸建て住宅の場合】

2階建ての場合の骨組（小屋組、軸組、床組）等の構成

【構造耐力上主要な部分】

基礎	A
壁	B
柱	C
小屋組	D
土台	E
斜材	F
床版	G
屋根版	H
横架材	I

【雨水の浸入を防止する部分】

屋根	J
外壁	K
開口部	L

【鉄筋コンクリート造共同住宅の場合】

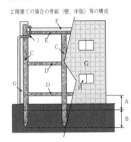

2階建ての場合の骨組（壁、床版）等の構成

【構造耐力上主要な部分】

基礎	A
基礎ぐい	B
壁	C
床版	D
屋根版	E

【雨水の浸入を防止する部分】

屋根	F
外壁	G
開口部	H
排水管	I

※「建物状況調査」は、瑕疵の有無を判定するものではなく、瑕疵がないことを保証するものではありません。

（国土交通省資料）

調査で、かつ、調査実施後1年を経過していないものです。なお、建物状況調査の実施者が、「既存住宅状況調査技術者」であるかどうかは、講習実施機関のホームページ等で確認することができます。

　既存住宅について、このような建物状況調査を実施していない場合には、「無し」とし、実施している場合には、「有り」として、「建物状況調査の結果の概要」を調査し、説明する必要があります。国土交通省が示している建物状況調査実施者が作成する「建物状況調査の結果の概要」の様式例は、以下のとおりで、宅建業者は、このような資料に基づき、劣化事象等の有無を説明します。

　なお、宅建業法上の建物状況調査の定義については以上のとおりですが、建物状況調査の定義に含まれない建物の劣化事象等の情報についても、宅建業者が把握し、取引の判断に重要な影響を及ぼすものについては、宅建業法31条1項、47条1号等を踏まえ、説明することが必要です。

　ちなみに、建物状況調査については、重要事項説明の段階だけでなく、媒介契約を締結する段階で、媒介契約書に、「建物状況調査を実施する者

（建物状況調査の結果の概要の様式例（木造・鉄骨造））

建物状況調査の結果の概要（重要事項説明用）　【木造・鉄骨造】

| | | 作成日 | |

建物	建物名称		様邸
	所在地		☐ 住居表示 ☐ 地名地番
	（共同住宅の場合）	マンション等の名称	部屋番号　　　　号室
	構造種別	☐ 木造　　　　☐ 鉄骨造　　　☐ その他（混構造等）	
	階数	地上　　階・地下　　階　延床面積　　　　　　㎡	

建物状況調査	本調査の実施日	
	調査の区分	☐ 一戸建ての住宅 ☐ 共同住宅等　（　☐ 住戸型　　　☐ 住棟型　）
	劣化事象等の有無	建物状況調査基準に基づく劣化事象等の有無 （下の『各部位の劣化事象等の有無』欄も記入すること）　　☐ 有　　☐ 無

<構造耐力上主要な部分に係る調査部位>

<雨水の浸入を防止する部分に係る調査部位>

各部位の劣化事象等の有無 ※調査対象がない部位は二重線で隠すこと		劣化事象等 有　無　調査できなかった		劣化事象等 有　無　調査できなかった
	基礎	☐ ☐ ☐	外壁	☐ ☐ ☐
	土台及び床組	☐ ☐ ☐	軒裏	☐ ☐ ☐
	床	☐ ☐ ☐	バルコニー	☐ ☐ ☐
	柱及び梁	☐ ☐ ☐	内壁	☐ ☐ ☐
	外壁及び軒裏	☐ ☐ ☐	天井	☐ ☐ ☐
	バルコニー	☐ ☐ ☐	小屋組	☐ ☐ ☐
	内壁	☐ ☐ ☐	屋根	☐ ☐ ☐
	天井	☐ ☐ ☐		
	小屋組	☐ ☐ ☐		
	その他			
	（蟻害）	☐ ☐ ☐		
	（腐朽・腐食）	☐ ☐ ☐		
	（配筋調査）	☐ ☐ ☐		
	（コンクリート圧縮強度）	☐ ☐ ☐		

建物状況調査実施者	調査実施者の氏名		
	調査実施者への講習の実施講習機関名及び修了証明書番号		
	建築士資格種別	☐ 一級　　☐ 二級　　☐ 木造	
	建築士登録番号	☐ 大臣登録 ☐ 知事登録　第　　　　号	
	所属事務所名		
	建築士事務所登録番号	知事登録　　第　　　　号	

※裏面があります

のあっせんの有無」を記載する必要があります。

　あっせんを行う場合には、

①　あっせん先が、「既存住宅状況調査技術者講習登録規程」に基づく「既存住宅状況調査技術者」であることを講習実施機関のホームページで確認した上で行うこと、

②　依頼者と建物状況調査実施者の間で建物状況調査の実施に向けた具体的なやりとりが行われるように手配すること、

③　購入希望の依頼者が建物状況調査を希望する場合には、物件所有者の同意が必要であること、

④　あっせんは媒介業務の一環であり、媒介報酬とは別にあっせんに関する料金は受け取れないこと、

に留意する必要があります。

Ⅱ　建物の建築・維持保全の状況に関する書類の保存状況

ここがポイント

　既存住宅については、建物の建築・維持保全の状況に関する書類の保存状況を調査し、説明する必要がある。

建物の建築・維持保全の状況に関する書類の保存状況の説明

　既存住宅については、平成30年の宅建業法の改正で、先に述べた建物状況調査に関する事項に加え、「建物の建築・維持保全の状況に関する書類」の保存状況を調査し、説明することが必要となりました。なお、建物状況調査と異なり、売買の場合が対象で、賃貸の場合は対象になりません。

　「建物の建築・維持保全の状況に関する書類」は、宅建業法施行規則（16条の2の3）に規定されていますが、国土交通省が示している重要事項説明書の様式例で示すと、以下のとおりです。これらの書類の有無を確認し、重要事項説明書に記載の上、説明することになります。なお、区分所有建物については、売主に加え、必要に応じ、管理組合や管理会社にも書類の有無を照会する必要があります。

重要事項説明書の様式例（抜粋）】

7　建物の建築及び維持保全の状況に関する書類の保存の状況（既存の建物のとき）		
	保存の状況	
確認の申請書及び添付図書並びに確認済証（新築時のもの）	有	無
検査済証（新築時のもの）	有	無
増改築等を行った物件である場合		
確認の申請書及び添付図書並びに確認済証（増改築等のときのもの）	有	無
検査済証（増改築等のときのもの）	有	無
建物状況調査を実施した住宅である場合		
建物状況調査結果報告書	有	無
既存住宅性能評価を受けた住宅である場合		
既存住宅性能評価書	有	無
建築基準法第12条の規定による定期調査報告の対象である場合		
定期調査報告書	有	無
昭和56年5月31日以前に新築の工事に着手した住宅である場合		
新耐震基準等に適合していることを証する書類 　書類名：（　　　　　　　　　　　　）	有	無
備考		

第9章

代金、交換差金や借賃以外に授受される金銭の額と授受の目的

I 　説明すべき代金以外の金銭と授受の目的

ここがポイント

❶買主等と売主等との間で、代金、交換差金や借賃以外に授受される金銭については、その金銭の額と授受の目的を説明する必要がある。

❷媒介業者が授受する金銭や媒介業者が授受に介在する金銭についても、媒介報酬、司法書士費用等の根拠が明白なもの以外は、同様の説明をする必要がある。

❸消費税は「代金以外の金銭」ではないが、重要な事項として説明する必要がある。

1 　代金以外の金銭

　不動産取引においては、代金、交換差金や借賃以外に授受される金銭（以下「代金以外の金銭」という）には様々なものがあります。買主等と の間で代金以外の金銭を授受する主体は、売主等、第三者、媒介業者に 別できます。

　① 　売主等との間

　　買主等と売主等との間で授受されるものとしては、手付金、固定資 税等清算金、管理費等清算金などが一般的です。このほか、賃借人付 の売買の場合には、賃料等の清算金や敷金・保証金の引継ぎによるも があります。

　② 　第三者との間

　　第三者との間で授受されるものとしては、次のようなものがありま

　　　a．公租公課（印紙税、登録免許税、不動産取得税）

　　　b．登記手続費用

　　　c．ローン関係費用（ローン事務手数料、保証料、つなぎ融資の 費等）

　③ 　媒介業者との間

　　媒介業者との間で授受されるものとしては、媒介報酬、ローン事務 数料等が一般的です。このほか、媒介業者が登記費用等を預かるなど

て金銭の授受に介在する場合があります。

② 代金以外の金銭の説明

　代金以外の金銭には、多種多様なものがあるために、その授受の目的の不明確さや、業者の不当な請求によるトラブルを防止するため、代金以外の金銭を授受する場合には、金銭の額と授受の目的を説明する必要があります。

　代金以外の金銭のうち、重要事項として説明すべき金銭の範囲としては、重要事項説明は取引対象物件と取引の条件について説明するものですから、原則的には買主等と売主等との間で授受されるものに限定されます。

　なお、不動産の譲渡に課されるべき消費税は、宅建業法47条1号の「重要な事項」に該当するものとされており、消費税の額について、故意に事実を告げず、または不実のことを告げた場合には、宅建業法47条1号違反になりますので注意が必要です。

紛争事例紹介　特定紛争　平6.7.28

〈概要〉　マンションの売買において、媒介業者がローン保証料68万円について説明せずに、売買契約を締結したが、後日媒介業者から立て替えたとして、支払いを求められた。
〈責任〉　媒介業者が、ローン保証料について説明を怠った。
〈結末〉　買主が20万円を支払うことで、和解成立。

Ⅱ　金額の説明方法

❶金額が確定しない場合も、極力目安となる金額を説明することが望ましい。

❷目安となる金額を説明する場合には、「概算」の表示を行うことが必要である。

❸当事者間で期間に応じて按分するもので、按分期間が定まらない場合には「日割計算」との説明もやむを得ない。

❹「実費」との説明は、金額の範囲が明らかとならないので適切ではない。

1　金額が確定しない場合

　代金以外の金銭には、重要事項説明の時点で、金額が確定しているものもありますが、固定資産税等清算金などのように、

　　①　当年度の固定資産税が未決定で、その金額が未確定

　　②　引渡日が未定で、当事者間の按分が未確定

であるために、重要事項説明の時点では、業者が調査を行っても、金額が判明しないものも少なくありません。

　金額が確定しない場合、重要事項の説明は調査しても判明しないことまで説明を求めるものではありませんが、その趣旨からは、極力目安となる金額を説明することが望ましいでしょう。

2　金額の説明方法

　実務においては、金額が確定しない場合には、①概算、②日割計算、③実費などの金額表示方法が取られています。

①　概算

　金額が確定しない場合に、目安となる金額を説明し、金額を確定的に表示することがかえってトラブルの原因となるおそれがあります。このような場合は、表示された金額が一応の目安であることを示すために、

「概算」の表示を行うことが必要です。

　この場合、買主等が予想外の負担を強いられないように、多少余裕を
みた金額を説明することが望ましいでしょう。

②　日割計算

　固定資産税等清算金など、当事者間で期間に応じて按分するものにつ
いては、按分期間が定まらないために金額の確定ができない場合などに
ついては、「日割計算」との説明もやむを得ないでしょう。

　なお、この場合は、買主等が金額の計算を行えるようにするため、日
割計算の基礎となる金額を明らかにすることが必要です。

③　実費

　「実費」とするだけの説明は、金額の範囲が明らかとならないので、
説明方法として適切ではありません。

第10章

契約の解除

契約の解除に関する説明

❶契約で定まっている契約の解除（約定解除）については、その内容を説明する必要がある。

❷宅建業法37条の2のクーリング・オフの告知については、重要事項説明とは別に行う必要がある。

1 契約の解除

契約の解除とは、契約締結後、当事者の一方の意思表示により、その契約が初めから存在しなかったと同様の状態に戻す効果を生じさせる法律行為です。民法、消費者契約法等に基づいて、一定の要件に該当する場合に当事者の一方から、相手方に対して認められる「法定解除」と、当事者間の契約により定められる「約定解除」とがあり、それぞれの具体例は、以下のとおりです。なお、条件付契約は、厳密には約定解除ではありませんが、その機能はほとんど変わらないので、約定解除と同様に扱うべきものです。

① 法定解除	② 約定解除
・（相手方の）債務不履行	・手付解除
・目的物の滅失	・ローン特約
・契約不適合	・買換え特約
・クーリング・オフ　等	・建築条件特約　等

2 説明すべき契約解除

契約の解除については、その要件等が不明確で、契約当事者が内容を十分理解していない場合には、契約解除を受けた者が予想外の損害を被り、トラブルになるおそれがあります。このようなトラブルを防止するため、契約の解除に関する事項を重要事項として説明することとされています。

契約の解除のうち、民法や消費者契約法等の法律で定められている法定解除については説明を省略しても差し支えないこととされていますが、タ

なくとも、約定解除については、それぞれの契約により内容が異なることから、その内容を契約当事者に周知させるために、重要事項として説明する必要があります。

　約定解除に関する説明の文例は、以下の［説明文例］のとおりです。
　なお、ローン特約（予定していたローンが金融機関により否認された場合に、買主は、無償で契約を解除（白紙解除）できることとする特約）については、どのような状況であれば特約により白紙解除ができるかトラブルになることが多いため、具体的な融資条件（融資取扱金融機関、融資額、融資承認取得期限、金利、融資期間等）について、特定しておく（複数金融機関を特定する場合には、それぞれの金融機関について特定しておく）ことが必要です。
　また、建築条件付特約については、第6章「未完成物件の売買と工事完了時売買における説明事項」の〈補足：建築条件付土地売買について〉も参照してください。

説明文例

○手付解除
　相手方が契約の履行に着手するまでは、売主は受領済みの手付金を返還し、かつ、手付金相当額を買主に提供することにより、また、買主は交付済みの手付金を放棄することにより、それぞれ売買契約を解除することができます。

○ローン特約
　売買契約書第○○条で定められた融資（融資取扱金融機関：○○銀行○○支店、融資額：金○○○○万円、融資承認取得期日：令和○○年○○月○○日まで、金利（年）：当初○年固定○.○○％、融資期間：○○年）の全部又は一部が、買主の責めに帰することのできない事由により、その期限までに融資承認を得られなかったときは、買主は売買契約を解除することができます。
　売買契約が解除された場合、売主は受領済みの金員を遅滞なく無利息で買主に返還しなければなりません。

○買換え特約

　買主は、その所有不動産（○○所在、△△㎡）を、令和○○年○○月○○日までに金○○○○万円以上で売却できなかったときには、売買契約を解除することができます。

　売買契約が解除された場合、売主は受領済みの金員を遅滞なく無利息で買主に返還しなければなりません。

○建築条件特約

　本件土地売買契約は、本件土地上に買主が建築する建物について買主と売主との工事請負契約が、令和○○年○○月○○日までに締結されたときに、効力を生じます。

　売買契約が効力を生じない場合、売主は受領済みの金員を遅滞なく無利息で買主に返還しなければなりません。

③ 宅建業法37条の2のクーリング・オフの告知

　宅建業法37条の2のクーリング・オフも法定解除の一種ですが、実務上重要事項説明の契約の解除に関する事項として、説明しているケースも見受けられます。

　ただし、このような説明が、宅建業法37条の2のクーリング・オフの告知といい難いため、告知については、宅建業法施行規則16条の6に基づき重要事項説明とは別に、申込みの撤回等を行うことができる旨及び申込みの撤回を行う場合の方法について記載した告知書等で行わなければなりません。

紛争事例紹介　大阪高判　平12. 5 . 19　RETIO47-61

〈概要〉　土地売買契約及び建築工事請負契約を、ローンが否認されたが、ローン特約がないため、買主は手付金400万円を放棄して解除した。

〈責任〉　媒介業者は買主のローンが下りなければその契約が白紙になることを十分認識していたが、ローン特約を設定しなかった。

〈結末〉　ローン特約を付すとの黙示の合意があるとされ、買主の媒介業者への手付相当額の請求が認容された。

第11章

損害賠償額の予定または違約金

損害賠償額の予定または違約金に関する説明

ここがポイント

　損害賠償額の予定または違約金が契約で定まっている場合は、その金額、内容を説明する必要がある。

1　損害賠償額の予定または違約金

　損害賠償額の予定とは、債務不履行の場合の損害額の証明が難しいことから、債務不履行の事実があれば損害額を証明することなく、予定された賠償額を支払うことを定めるものです。

　他方、違約金は、契約に定めた事項に違反した者が相手方に対して支払う金銭をいい、その性質は契約によって定まりますが、一般的には、損害賠償額の予定と推定されます（民法420条3項）。しかし、当事者間の特約として、違約金を「損害賠償額の予定」としてではなく「違約罰」として定めることもできます。この場合には、相手方に契約違反があれば、契約で定められた額の違約金に加えて、実際に被った損害の賠償をも請求することができます。

　なお、宅建業者が売主となる売買契約においては、損害賠償額の予定または違約金に関する定めを設けるとき、これらの合計額が代金の2割を超えてはならないとされています（宅建業法38条1項）。この規定に違反する定めは、2割を超える部分について無効とされます（宅建業法38条2項）。

2　損害賠償額の予定または違約金に関する説明

　不動産取引の契約においては、損害賠償額の予定または違約金（以下「損害賠償額の予定等」という。）に関する定めが設けられることが多いですが、その定めが損害賠償額の予定なのか、いわゆる「違約罰としての違約金」なのか等、その性格が明らかでないことも多く、トラブルの原因となっています。このために、損害賠償額の予定等に関する定めを設ける場合には、重要事項として説明するものとされています。

[説明文例]

○損害賠償額の予定または違約金に関する事項
　相手方の義務違反により売買契約を解除したときは、その相手方に対し違約金として売買代金の20％相当額を請求することができます。
　売主または買主は、当該解除に伴い、違約金を超える損害が発生したときでも、違約金を超える金額については請求することができません。その損害が違約金より少ない金額のときでも違約金の減額を求めることができません。契約書案第○条参照。

第12章

手付金等の保全措置

手付金等の保全措置に関する説明

ここがポイント

　宅建業者が、自ら売主となって、未完成物件の売買に係る手付金等や、完成物件の売買に係る手付金等を受領する場合には、手付金等の保全措置の概要を説明する必要がある。

1 手付金等の保全措置

　宅建業者が、自ら売主として、未完成物件の売買に係る手付金等（代金の全部または一部として授受される金銭、手付金その他の名義で授受される金銭で、代金に充当されるものであって、契約締結以降、引渡しまでに支払われるもの。以下同じ。）や、完成物件の売買に係る手付金等を受領する場合には、原則として、手付金等の保全措置を講じなければなりません（宅建業法41条、41条の2）。

　ただし、未完成物件の売買の場合では、代金額の100分の5以下、かつ、1,000万円以下、完成物件の売買の場合では、代金額の100分の10以下、かつ、1,000万円以下であるとき等は、保全措置が免除されます。

2 手付金等の保全措置の説明

　宅建業者は、手付金等の保全措置を講じなければならない場合には、手付金等の保全措置の概要を説明する必要があります。このことは、買主が手付金等を宅建業者に支払う前に、保証書、保険証券等を間違いなく受け取るように注意喚起する意味もあります。

　未完成物件の売買に係る保全措置としては、「保証」か「保証保険」が認められていますので、保証・保証保険の別、保証・保証保険を行う機関の名称・商号を説明します。

　また、完成物件の売買に係る保全措置としては、「保証」、「保証保険」に加え、「保管」が認められていますので、保証、保証保険の場合は、未完成物件の売買と同様ですが、保管の場合には、手付金等寄託契約を締結した後に、売主と買主との間で質権設定契約を締結しなければならないこ

に、手付金等寄託契約の締結後の金銭の支払は、買主から指定保管機関に対して直接行うべきこと等を、買主に対して説明します。

　なお、質権設定契約は、手付金等寄託契約の締結後であれば、売買契約の締結前に行っても差し支えありませんが、質権設定契約は、あくまでも手付金等の保全のための措置であり、売買契約の申込み、予約等とは異なるものであることに留意する必要があります。

③ 支払金・預り金の保全措置

　宅建業者は、先に述べた手付金等の保全措置を講じなければならない場合のほか、支払金・預り金（取引の対象となる宅地・建物に関し受領する代金、交換金、貸賃その他の金銭）を受領する場合には、原則として、保全措置を講ずるかどうか、保全措置を講ずる場合にはその措置の概要を説明しなければなりません。ただし、受領する額が50万円未満の場合等は、その必要はありません。

第13章

代金等に関するローンのあっせん

代金等に関するローンのあっせんに関する説明

ここがポイント

　宅建業者が、代金等に関するローンのあっせんを行う場合には、あっせんの内容（具体的な融資条件：融資取扱金融機関、融資額、融資承認取得期限、金利、融資期間、保証料、ローン事務手数料等）と、ローンが成立しなかったときの措置について、説明する必要がある。

1 宅建業者のローンのあっせん

　以前は、買主等が自ら代金等に関するローンを確保することは容易でなく、業者のあっせんするローンに依存することが多かったのですが、買主が融資条件の説明を十分受けない場合もあり、あっせんされたローンが不調に終わって代金が払えなくなったり、返済条件が厳しいために返済が困難となる等のトラブルが多く見受けられました。

　このようなトラブルを防止するため、宅建業者が代金等に関するローンのあっせんを行う場合には、「あっせんの内容」と、「ローンが成立しなかったときの措置」を、重要事項として説明することになっています。

2 宅建業者のローンのあっせんに関する説明

　「あっせんの内容」については、買主が具体的な融資条件を確認できるようにするため、具体的な融資条件（融資取扱金融機関、融資額、融資承認取得期限、金利、融資期間、保証料、ローン事務手数料等）について、特定しておく（複数金融機関を特定する場合には、それぞれの金融機関について特定しておく）ことが必要です。

　また、「ローンが成立しなかったときの措置」については、売買契約にローン特約（予定していたローンが金融機関により否認された場合に、買主は、無償で契約を解除（白紙解除）できることとする特約）を付けることが一般的ですので、先に述べた、契約の解除に関する事項の説明と同様の説明を行います（第10章「契約の解除」参照）。

争事例紹介　行政処分　平16.7.30　RETIO62-060

〈概要〉　買主が、手付金を交付後に金融機関から意図した融資を得られなかったため、ローン条項に基づき契約を解除して手付金の返還を求めたのに対し、売主及び媒介業者が、ノンバンクから融資を受けることが可能であったとして、申込書を撤回したのは解除条項の適用を排除する約定の契約条項に該当するとして、損害賠償請求（反訴）を提起した。

〈責任〉　買主がノンバンクから融資利用を了承していたと認められず、「都市銀行他」の記載の意味にはノンバンクは含まれない。

〈結末〉　ローン条項に基づく買主の請求が認容された。

第14章

宅地・建物の担保責任(契約不適合責任)の履行確保措置

宅地・建物の担保責任（契約不適合責任）の履行確保措置の有無等に関する説明

ここがポイント

宅地・建物の担保責任（契約不適合責任）について、履行確保措置（責任保険契約の締結、保証金の供託等）を講じているかどうか、講じている場合には、当該措置の概要を説明する必要がある。

1 宅地・建物の担保責任（契約不適合責任）

引渡した目的物が、種類、品質または数量に関して、契約の内容に適していないことを「契約不適合」といいます。取引した宅地・建物に「契約不適合」があったとき買主は売主に対し、担保責任に基づき修補等の完や代金減額の請求が、また、売主に帰責事由がなかった場合を除き、損害賠償の請求ができます。「契約不適合」により、購入した目的を達することができないときには、契約を解除することができます。（民法562条、563条、564条）

宅建業法では、宅建業者が売主の場合、契約不適合の担保責任の期間について、「引き渡しの日から2年以上」となる特約を付ける場合を除き、買主に不利な特約をしてはならず、仮に特約を付けても当該特約は無効なります。（宅建業法第40条）

また、「住宅の品質確保の促進等に関する法律」（品確法）では、「新築住宅」の場合、売主・請負人は、引渡しの日から10年間、住宅の「基本造部分」について、瑕疵*担保責任を負うことが義務付けられています。

* 瑕疵とは、「種類または品質に関して契約の内容に適合しない状態」と定義されています。

なお、「新築住宅」とは、新たに建設された住宅で、まだ人の居住の用に供したことのないもの（ただし、建設工事の完了日から1年を経過したものは除く。）です。また、「基本構造部分」とは、住宅の構造耐力上の要な部分と、雨水の浸入を防止する部分です。

② 構造計算書偽装事件と建築基準法等の改正

　平成17年に発覚した構造計算書偽装事件を契機として、建築物の安全性を確保するため、平成18年に、建築基準法が改正されましたが、併せて、不動産取引段階において、瑕疵担保責任の履行確保措置（責任保険契約の締結、保証金の供託等、売主・請負人に資力がなくても、瑕疵担保責任の履行が確保できる措置）について情報開示を徹底する観点から、宅建業法が改正されて、履行確保措置に関する事項が、説明すべき重要事項に追加されました。

　この時点では、瑕疵担保責任の履行確保措置を講じるかは任意でしたが、その後、平成19年に、「特定住宅瑕疵担保責任の履行の確保等に関する法律」（住宅瑕疵担保履行法）が制定され、宅建業者・建設業者が売主・請負人で、かつ、買主・発注者が非宅建業者・非建設業者である場合の売買契約・請負契約に係る新築住宅については、瑕疵担保責任の履行確保措置が義務付けられました。（平成21年10月１日以降に引き渡される新築住宅に適用）

③ 説明すべき履行確保措置の有無と当該措置の概要

　先に述べたとおり、宅地・建物の担保責任（契約不適合責任）については、履行確保措置（責任保険契約の締結、保証金の供託等）を講じているかどうか、講じている場合には、「当該措置の概要」を説明する必要があります。なお、住宅瑕疵担保履行法によって義務付けられていない場合であっても、履行確保措置が講じてあるときは、講じてある旨と、当該措置の概要を説明する必要があります。

　履行確保措置を講じている場合に説明を行う、「当該措置の概要」については、それぞれの措置ごとに、以下のとおりです。
- ・保証保険契約または責任保険契約の締結（付保を含む。）
  ：保険機関の名称・商号、保険期間、保険金額、対象となる瑕疵の範囲
- ・銀行等が連帯して保証する保証契約の締結
  ：保証機関の名称・商号、保証債務の範囲、保証機関、対象となる瑕疵の範囲

・住宅販売瑕疵担保保証金の供託
　　：供託所の表示等

（住宅瑕疵担保責任保険契約を締結している場合の記載例）

　本物件は、「特定住宅瑕疵担保責任の履行の確保等に関する法律」に基づく措置として次の保険が付保されています。

1．住宅瑕疵担保責任法人の名称　　　○○○
2．保険期間　　　　　　　　　　　　住宅引渡しの日から10年間
3．保険金額　　　　　　　　　　　　○○○万円
4．保険の対象となる瑕疵　　　　　　構造耐力上主要な部分及び
　　　　　　　　　　　　　　　　　　雨水の浸入を防止する部分

　※なお、詳細な内容については、別添資料参照。

第15章

宅建業法35条1項14号に基づく事項

Ⅰ　宅建業法35条１項14号

　平成７年の宅建業法改正では、社会経済の状況変化に的確かつ機動的に対応する観点から、説明すべき重要事項を、宅建業者の相手方等の利益の保護の必要性や契約内容を勘案して、政令でない省令レベルで適時追加できるように、現在の宅建業法35条１項14号の前身となる規定が新設されました（旧35条１項12号）。

　この規定については、消費者庁の設置に伴って、消費者保護の観点から消費者庁の関与が必要な場合（宅建業法35条１項14号イ）には、国土交通省と内閣府の共管の府省令で、それ以外の場合（宅建業法35条１項14号ロ）には、国土交通省の省令で定めることになりましたが、現時点では、両者とも同じ定め（宅建業法施行規則16条の４の３）となっています。

Ⅱ　国土交通省令等で定められた説明事項

　国土交通省令等（宅建業法施行規則16条の４の３）で定められた説明事項は、宅地の売買・交換の場合は、以下の(1)から(3)までの事項を、建物の売買・交換の場合は、(1)から(6)までの事項を、宅地の貸借の場合は、(1)から(3)までと、(8)から(13)までの事項を、建物の貸借の場合は、(1)から(5)までと、(7)から(12)までの事項となっています。

1）　宅地・建物が造成宅地防災区域内にある旨

　本説明義務は、売買・交換・貸借の対象である宅地・建物が宅地造成等規制法20条１項により指定された造成宅地防災区域内にあるか否かについて、消費者に確認せしめるものです。

2）　宅地・建物が土砂災害警戒区域内にある旨

　本説明義務は、売買・交換・貸借の対象である宅地・建物が土砂災害警戒区域等における土砂災害防止対策の推進に関する法律（土砂災害防止法）６条１項により指定された土砂災害警戒区域内にあるか否かについて、消費者に確認せしめるものです。

　なお、土砂災害防止法が一部改正（平成27年１月18日施行）され、都道府県が行う基礎調査の結果についても、宅建業者は、取引の相手方等に説明することが望ましいとされています。基礎調査の結果を故意に事実を告げず、または不実のことを告げる行為は、宅建業法47条１号に違反に当たるおそれもあります。

3）　宅地・建物が津波災害警戒区域内にある旨

　本説明義務は、売買・交換・貸借の対象である宅地・建物が津波防災地域づくりに関する法律53条１項により指定された津波災害警戒区域内にあるか否かについて、消費者に確認せしめるものです。

4）　水害ハザードマップにおける宅地・建物の所在地

　甚大な被害をもたらす水害の頻発をうけて、宅建業法施行規則の一部が改正（令和２年８月28日施行）され、水害ハザードマップについての説明が追加されました。

　本説明義務は、売買・交換・貸借の対象である宅地又は建物が水防法（昭和24年法律第193号）に基づき作成された水害（洪水・雨水出水（以下「内水」という。）・高潮）ハザードマップ（以下「水害ハザードマップ」）上のどこに所在するかについて消費者に確認せしめるものであり、取引の対象となる宅地又は建物の位置を含む水害ハザードマップを、洪水・内水・高潮のそれぞれについて提示し、当該宅地又は建物の概ねの位置を示すことにより行うこととなっています。

　なお、水害ハザードマップ上に記載された避難所について、併せてその位置を示すことが望ましい。また、水害ハザードマップに記載された浸水想定区域に該当しないことをもって、水害リスクがないと相手方が誤認することのないよう配慮するとともに、水害ハザードマップに記載されている内容については今後変更される場合があることを補足することが望ましいとされていますので、これらを確認・記載・説明をする必要があります。

　なお、詳細については、国土交通省作成の「宅地建物取引業法施行規則の一部改正（水害リスク情報の重要事項説明への追加）に関するＱ＆Ａ」が具体的な参考となります。

(5)　建物に係る石綿の使用の有無の調査の結果

　石綿の使用の有無の調査結果の記録が保存されているときは、「その内容」として、調査の実施機関、調査の範囲、調査年月日、石綿の使用の有無及び石綿の使用の箇所を説明します。ただし、調査結果の記録から、これらのうちいずれかが判明しない場合にあっては、売主等に補足情報の告知を求め、それでもなお判明しないときは、その旨を説明すれば足りるとされています。

　調査結果の記録から容易に石綿の使用の有無が確認できる場合には、当該調査結果の記録を添付することでも差し支えないとされています。

　本説明義務については、売主と所有者に当該調査の記録の有無を照会し必要に応じて管理組合、管理業者と施工会社にも問い合わせた上、存在しないことが確認された場合、または、その存在が判明しない場合は、その照会をもって調査義務を果たしたことになるとされています。

　なお、本説明義務については、石綿の使用の有無の調査の実施自体を宅建業者に義務付けるものではないことに留意する必要があります。

　また、紛争の防止の観点から、売主から提出された調査結果の記録を説

月する場合は、売主等の責任の下に行われた調査であることを、建物全体
を調査したものではない場合は、調査した範囲に限定があることを、それ
ぞれ明らかにする必要があります。

6)　建物の耐震診断の結果

　建物の耐震診断の結果については、次の書類を添付することとして差し
支えないとされています。

> ・住宅の品質確保の促進等に関する法律5条1項に規定する住宅性能
> 　評価書の写し（当該家屋について日本住宅性能表示基準別表2-1
> 　の1-1耐震等級（構造躯体の倒壊等防止）に係る評価を受けたも
> 　のに限る。）
> ・租税特別措置法施行規則に規定する国土交通大臣が財務大臣と協議
> 　して定める書類または地方税法施行規則に規定する国土交通大臣が
> 　総務大臣と協議して定める書類であって所定の税制特例を受けるた
> 　めに必要となる書類（耐震基準適合証明書、住宅耐震改修証明書、
> 　固定資産税減額証明書または耐震改修に関して発行された増改築等
> 　工事証明書）の写し
> ・指定確認検査機関、建築士、登録住宅性能評価機関、地方公共団体
> 　が作成した建築物の耐震診断結果報告書の写し

　昭和56年5月31日以前に建築確認を受けた建物であるか否かの判断に当
たっては、確認済証または検査済証に記載する確認済証交付年月日の日付
をもとに判断します。

　確認済証または検査済証がない場合は、建物の表題登記をもとに判断す
ることとし、その際、居住の用に供する建物（区分所有建物を除く。）の
場合は、表題登記日が昭和56年12月31日以前であるもの、事業の用に供す
る建物と区分所有建物の場合は、表題登記日が昭和58年5月31日以前であ
るものについて説明を行います。また、家屋課税台帳に建築年月日の記載
がある場合についても同様に取り扱います。

　また、本説明義務については、売主と所有者に当該耐震診断の記録の有
無を照会し、必要に応じて管理組合と管理業者にも問い合わせた上、存在

しないことが確認された場合は、その照会をもって調査義務を果たしたことになるとされています。

　なお、本説明義務については、耐震診断の実施自体を宅建業者に義務付けるものではないことに留意する必要があります。

(7)　住宅性能評価制度を利用する新築住宅である旨

　本説明義務は、住宅の品質確保の促進等に関する法律の住宅性能評価制度を利用した新築住宅であるか否かについて、消費者に確認せしめるものであり、当該評価の具体的内容の説明義務まで負うものではありません。

(8)　浴室、便所等建物の設備の整備の状況

　建物の貸借の契約の場合においては、浴室、便所、台所等建物の設備の整備の有無、形態、使用の可否等、日常生活に通常使用する設備の整備の状況を説明事項としています。例えば、ユニットバス等の設備の形態、エアコンの使用の可否が該当します。

　また、事業用の建物（オフィス、店舗等）にあっては、空調設備等事業用の建物に固有の事項のうち、事業の業種、取引の実情等を勘案し重要なものについて説明する必要があります。

(9)　契約期間と契約の更新に関する事項

　契約期間と契約の更新に関する事項については、例えば、契約の始期と終期、２年ごとに更新を行うこと、更新時の賃料の改定方法等が該当します。また、こうした定めがない場合は、その旨の説明を行う必要があります。

(10)　定期借地権、定期建物賃貸借と終身建物賃貸借

　定期借地権を設定しようとするときや、定期建物賃貸借契約または終身建物賃貸借契約をしようとするときは、その旨を説明します。

　なお、定期建物賃貸借に関する上記の説明義務は、借地借家法38条２項に規定する賃貸人の説明義務とは別個のものです。また、宅建業者が賃貸人を代理して当該説明義務を行う行為は、宅建業法上の貸借の代理の一部に該当し、関連の規定が適用されることになります。

1) 用途その他の利用の制限に関する事項

　用途その他の利用の制限に関する事項については、例えば、事業用とし
ての利用の禁止等の制限、事業用の業種の制限のほか、ペット飼育の禁止、
ピアノ使用の禁止等の利用の制限が該当します。

　なお、増改築の禁止、内装工事の禁止等、賃借人の権限に本来属しない
ことによる制限については、含まれません。

2) 契約終了時における金銭の精算に関する事項

　契約終了時における金銭の精算に関する事項については、例えば、賃料
の滞納分との相殺や一定の範囲の原状回復費用として敷金が充当される
定の有無、原状回復義務の範囲として定まっているものなどが該当しま
す。

　なお、本事項は、貸借の契約の締結に際してあらかじめ定まっている事
項を説明すべき事項としたものであり、こうした事項が定まっていない場
合にはその旨を説明する必要があります。

3) 管理委託を受けた者の氏名・住所

　宅地・建物の管理が委託されている場合には、区分所有建物の場合と同
様、重要事項説明書に管理者の氏名・住所（賃貸住宅管理業者登録規程の
登録を受けている業者の場合は、その登録番号を含む。）を説明します。

　なお、ここでいう管理者には、単純な清掃等建物の物理的な維持行為の
みを委託されている者までも含むものではありません。

4) 契約終了時における建物の取壊しに関する事項

　契約終了時における建物の取壊しに関する事項については、主に一般定
期借地権を念頭においているものです。例えば、50年後に更地にして返還
する条件がある場合にあっては、その内容が該当します。

第16章

「その他の事項」に関する
重要事項説明

I　はじめに

　説明すべき重要事項については、宅建業法35条1項では、「少なくと
次に掲げる事項について」、説明しなければならないと規定されており、
これら事項は、宅建業者の説明すべき重要事項のうち最小限を規定した
のであり、「その他の事項」も場合によっては、説明を要する重要事項
あり得るとされています（「解釈・運用」（35条1項関係1））。

　また、現実の不動産取引の実務においても、宅建業法35条1項に挙げ
れている事項だけでは、物件に係る様々な情報をカバーしきれないため、
「その他の事項」についても説明することが一般的となっています。

　さらに、不動産取引の紛争事例を見ると、「その他の事項」に関して
購入者から、宅建業者に対して、説明があれば取引はしなかったとして、
購入者と宅建業者の間で争いとなり、訴訟にまで至る場合も少なくあり
せん。トラブルの回避の観点からも、「その他の事項」についても、適
な説明が求められているといえるでしょう。

　加えて、宅建業法についても、平成18年の法改正で、宅建業法47条1
（業務に関する禁止事項）が改正され、宅建業法35条1項の説明すべき重
要事項等のほか、「宅地・建物の所在・規模・形質、現在・将来の利用
制限、環境・交通等の利便、代金・借賃等の対価の額・支払方法その他
取引条件、宅建業者・取引関係者の資力・信用に関する事項」であって、
「宅建業者の相手方等の判断に重要な影響を及ぼすこととなるもの」につ
いて、故意に事実を告げず、または不実のことを告げる行為が明文で禁
されました。

　本章で説明する「その他の事項」は、この宅建業法47条1号に基づいて
説明すべきとされる事項と多分に重複していますので、本章で解説する説
明すべき重要事項について、仮に、宅建業法35条違反（説明義務違反）に
ならない場合でも、「故意」に説明を行わない場合には、宅建業法47条違
反とされ、監督処分を受けるおそれがあります。

　また、仮に、「故意」がない場合であっても、宅建業法31条（信義誠実
原則）を通じて、「業務に関し取引の公正を害する行為をしたとき又は取
引の公正を害するおそれが大であるとき」（宅建業法65条1項2号）、「宅
地建物取引業に関し不正又は著しく不当な行為をしたとき」（宅建業法6

2項5号）等の特段の事情がある場合には、監督処分を受けるおそれが

ります。

　以上のことから、宅建業法35条1項で規定された事項のみ調査・説明す

というのではなく、「その他の事項」についても、買主等の購入の判断

重要な影響を及ぼすこととなるものについては、宅建業者の信義誠実原

」（宅建業法31条）に則り、可能な調査に努めた上で、分かったものは説

することが必要でしょう。

Ⅱ 周辺の環境

ここがポイント

❶周辺の環境の説明については、特に、周辺環境に関しデメリットとなり得る情報で、一般の購入者が容易には知り得ないものに対して、注意が必要である。

❷トラブルを未然に防ぐためには、購入者の立場に立って考え、デメリットとなるであろう情報は、よく調査して、すべて隠さず説明することが基本となる。

❸購入者から、照会・質問された事項については、不十分または不適切な調査・説明にならないよう特に留意すべきである。

　周辺の環境の説明については、特に、買主等の購入の判断に重要な影響を及ぼすような不利な情報で、一般の購入者が容易には知り得ないものに対して、注意が必要です。情報は、現状はもとより、将来に関することも対象となります。

　調査・説明義務の程度は、個々の取引のケース・バイ・ケースであり、一概には言いにくいものの、トラブルを未然に防ぐためには、購入者の立場に立って考え、デメリットとなるであろう情報は、よく調査して、すべて隠さず説明することが基本となります。

　また、購入者から、照会・質問された事項については、不十分または不適切な調査・説明にならないよう特に留意すべきです。調査しても分からない場合には、その旨を説明すべきです。

　周辺の環境に関する説明について、以下に、代表的な例を説明します。あくまで代表的な例であり、説明すべき重要事項がこれだけに限定されるわけではありませんので、留意してください。

① 日照阻害、眺望阻害等

（1）　隣地周辺の建築計画等について、セールストーク等で不確実な情報掲示を行ってはいけません。日照に関することは重大関心事となること

多く、予断による情報提供は紛争の元となります。建築計画等が判明していれば、できるだけ具体的に説明する必要があります。

）　ベランダや窓等からの眺望を商品の特徴の一つとするのであれば、建築後の眺望について、できるだけ具体的に説明する必要があります。

）　電柱等が宅地隅または側等に設置されることが、電力会社等との事前協議等において判明していれば、できるだけ具体的に説明する必要があります。

② 道路、騒音、悪臭、大気汚染等

）　周辺環境に影響を与えると予想される、計画が公示された計画道路について具体的に説明する必要があります。

　なお、計画が宅地にかかっている場合は、建築制限との関係から、宅建業法35条1項の規定により説明を行うことはいうまでもありません。

）　物件のある住居専用系の用途地域に隣接して工業系の用途地域等が存在する場合は、説明する必要があります。

）　ゴミ焼却場、産業廃棄物処理場、斎場、養豚場、工場、飛行場、基地、墓地等の施設が近隣に存在すること、あるいは建設計画等が判明していれば、説明する必要があります。

）　いわゆるミニ開発区画や団地等において、ゴミ置き場等が予定されていれば、説明する必要があります。

）　以前に化学工場があった等により土壌汚染の状況が予見される場合は、説明する必要があります。

③ 地理的状況等

）　鉄砲水、浸水、崖崩れ等が過去に発生する等、自然災害等の被害が起こり得る傾向があれば、説明する必要があります。

　また、自治体等によっては浸水マップ（ハザードマップ）等を作成・

配付している所もあり、そのような資料等の入手と説明に努めること
必要です。

(2)　山間部や窪地等の地理的状況によりテレビ電波等の受信状況が極め
悪いことが明らかであれば、説明する必要があります。

(3)　不等沈下等、地盤沈下の状況が予見される場合は、説明する必要が
ります。

4 その他

(1)　暴力団事務所等の存在が判明している場合は、説明する必要があり
す。

(2)　建築時等の周辺住民とのトラブルや、地元自治会等との協議事項、
るいは訴訟事項等が判明している場合は、説明する必要があります。

紛争事例紹介（過去の浸水）　東京地判　平15.4.10　RETIO61-86

〈概要〉　新築マンションの買主が、その購入した一階部分に毎年のよ
うに浸水被害が発生するとして、建築主兼売主である不動産業者
に対してした瑕疵担保責任に基づく契約解除を求めた。

〈責任〉　売主不動産業者はマンションの地表面が浸水しやすい状態で
あったのに、盛り土もしないでそのまま建築し、また、その旨の
説明もしなかった。

〈結末〉　買主請求のマンション購入関連費用や修補費用の他に、慰謝
料等の損害賠償請求が認容された。

紛争事例紹介（隣接工場の悪臭等）　行政処分　平9.3.24

〈概要〉　分譲住宅の売買において、隣地鋳物工場の悪臭、騒音、粉塵
について、売主業者及び媒介業者が知悉しながら告知せず、売買
契約を締結した。

〈責任〉　説明義務を怠った。

Ⅱ　周辺の環境

〈結末〉　売主業者を業務停止10日、媒介業者を指示処分とした。

分争事例紹介（隣地建築計画）　東京地判　平10.9.16　RETIO43-69

〈概要〉　中古マンションの売買において、媒介業者が「隣地には建築計画があるが、マンションの区分所有者の承諾がなければ建築できない」と誤って説明したので売買契約を締結したが、隣地に建築物が建ち、日照を阻害された。

〈責任〉　媒介業者の説明は結果的に虚偽であって、説明義務違反がある。

〈結末〉　売主業者と連帯して、媒介業者に5,276万円の支払いを命じた。

● 141 ●

Ⅲ　違反建築物、既存不適格建築物

ここがポイント

❶違反建築物や既存不適格建築物に該当するかどうかは、買主等の購入の判断に重要な影響を及ぼすものと考えられるので、可能な調査に努めた上で、分かったものは説明することが必要である。

❷少なくとも、建築確認の申請書・添付図面、建築確認済証や、検査済証の有無について、既存住宅の場合以外も含め、調査する必要があり、調査の過程で、違反建築物、既存不適格建築物に該当すると分かった場合には、その旨と内容を説明する必要がある。

1 違反建築物と既存不適格建築物

建物について、建築基準法等の法令の規定との関係が問題になる場合して、次の二つがあります。

①　違反建築物

建築基準法等の法令の規定に違反して建築された建築物

②　既存不適格建築物

建築当時は適法に建築されたが、その後の法令や都市計画等の追加、変更等により、同様の建物の建替え等ができなくなっている建築物

（既存不適格建築物の例）
・建築後に、用途地域等の変更があり、建物の用途や規模（建蔽率、容積率、高さ等）が、変更後の規定に全面的に、または一部が適合しくなる場合
・建築後に、都市計画等の指定があったため、建物の敷地と道路の関係が接道義務を満たさなくなる場合
・建築後に、地方公共団体の条例（建築安全条例等）が制定されたため、当該建物がその建築基準に適合しなくなる場合
・建物の敷地に接する道路が「みなし道路」となったため、敷地の一部が道路とみなされて建築基準法等の規定に適合しなくなる場合

2 違反建築物、既存不適格建築物に関する調査・説明

　違反建築物や既存不適格建築物に該当するかどうかは、買主等の購入の判断に重要な影響を及ぼすものと考えられるので、可能な調査に努めた上で、分かったものは説明することが必要です。

　少なくとも、建築確認の申請書・添付図面、建築確認済証や、検査済証の有無について、既存住宅の場合以外も含め、調査する必要があり、調査の過程で、違反建築物、既存不適格建築物に該当すると分かった場合には、その旨と内容を説明する必要があります。

　その際、違反建築物である場合には、違反の事実を説明するだけでなく、行政（特定行政庁）から是正命令等が出される可能性があることも説明する必要があるでしょう。また、検査済証がない場合には、建築確認とは異なった建物が建築されている可能性があることも説明する必要があるでしょう。

　なお、行政（特定行政庁）から違反建築物に対して是正命令等が出された場合には、特定行政庁から、宅建業監督部局へ、その建物の取引にかかわった宅建業者の通知が行われますが（建築基準法9条の3）、これを契機として、宅建業法上、監督処分されることもあり得ます。

Ⅳ 附帯設備、マンション等に関する事項

　附帯設備、マンション等に関する事項の説明をめぐっては、様々なトラブルが起こっていることから、そのようなトラブル事例を踏まえ、以下では、留意事項について、説明を行います。あくまで代表的な事例であり、説明すべき重要事項がこれだけに限定されるわけではありませんので、留意してください。

(1) 附帯設備

　附帯設備については、その状態や引渡し時の条件、または、そもそも契約に含むか否か等について、調査・説明する必要があります。

　下見や説明・契約時と引渡し時とでは異なってしまうことも多いので、注意が必要です。広告等で使用可能なものとして表示しておきながら、引渡し後、使用不能になった場合、トラブルの原因になりますので、どのような取扱いとするか契約の当事者間で十分に整理するとともに、媒介業者はそれを的確に説明することが必要です。

(2) マンション

　マンションについては、例えば、以下のようなことに留意することが必要です。

① 宅建業法35条1項の規定により、管理規約や修繕計画等を調査・説明する必要があるのは当然ですが、加えて、管理費・修繕積立金等将来の金額改定の予定や、滞納状況等についても調査・説明する必要があります。

② 新築マンション等では、売れ残り住戸が出ることがあり、それら売れ残り住戸を何らかの方法により賃貸する予定があれば、説明する必要があります。

③ 購入者が車を所有しているケースも多く、附帯駐車場の空き状況や使用上のルール等を説明する必要があります。
　また、大型RV車等の場合、駐車場規格に適合しないケースもある

ので、駐車場の制限サイズ・制限重量等の内容を説明する必要があります。

④　ペット飼育等の可否について説明する必要があります。

⑤　モデルルームと現物との違いを説明する必要があります。特に、梁の張り出し等は、内覧会等で初めて分かることもあり、設計図書やパース図面等では容易には分からない事項に注意すべきです。

⑥　税額控除の基準になる面積については、登記される面積が狭くなる（いわゆる壁芯面積と内法面積の違い）ことにより控除対象とされないこともあるので、誤認を与えないよう正確に説明してください。

3）　その他

その他について、例えば、以下のようなことに留意することが必要です。

①　敷地内に売主以外の地権者が所有する水道管、下水道管等が埋設されていることについて説明する必要があります。
　　また、地下・地上障害物（古井戸・水路・貯水槽等）の存在が明らかであれば、説明してください。

②　造り付け家具の傾き、あるいは天井の染み等々、物件の状況について目測でも容易に確認できるような内容があれば、調査・説明することが適切でしょう。
　　単に現状有姿引渡し等と告げるだけでは、調査・説明の義務を果たしているとはいえないケースがあります。

③　国税局払下げ宅地や競売落札物件等の取引を行う場合であっても、単に公簿取引等と告げるだけでなく、その現況をよく調査・説明することが適切でしょう。
　　単に公簿取引等と告げるだけでは、調査・説明の義務を果たしているとはいえません。

④ ほぼ完成（半完成）して売れ残っていた物件に追加工事を施し、新築とするのであれば、その旨、説明する必要があります。

また、マンション販売事業等において、以前に基礎工事等が完了した段階で事業頓挫していたものを引き継ぎ、その基礎構造物等をそのまま活用して新たに建築・販売する等の場合も、その旨、説明する必要があります。

紛争事例紹介　大阪高判　平11.9.30　RETIO48-65

〈概要〉　買主が購入した建売住宅が、2戸1棟の長屋住宅として建築確認がとられた違法なものであり、建築基準法上の接道義務を満たしていないとして、売主業者及び媒介業者に対し損害賠償を請求した。

〈責任〉　売主業者や媒介業者は、接道義務違反や適法な建築確認を取得していないことについての説明をしていなかった。

〈結末〉　売主業者と媒介業者に合計600万円の支払いが認容された。

Ｖ　いわゆる心理的瑕疵等

１　いわゆる心理的瑕疵

１）　告知義務

　取引の対象となっている物件に関し、自殺、他殺、焼死等の不幸な事件があり（いわゆる心理的瑕疵）、そのことを宅建業者が知っている場合に、購入者に対して告げるべきかどうかということが、よく論議の対象となります。

　心理的瑕疵は、多分に主観的要素はあるものの、買主等の立場から見れば、これらは忌まわしい出来事であり、このような物件を避けたいと思うのが一般的でしょう。すなわち、買主等の購入の判断に重要な影響を及ぼす場合もあり得ます。

　他方、売主の立場から見れば、一般的に、心理的瑕疵は、できるだけ他人には知られたくないと思うでしょう。また、媒介業者にあっては、売主からは守秘義務を問われることもあり得るでしょう。

　しかし、一般的に、売買等の判断に影響を与えるような物件に係る瑕疵については、物理的瑕疵に限らず、心理的瑕疵も含むと解されています。宅建業者が知った以上は、プライバシーや人権的配慮にも留意しつつ、自殺、他殺、焼死等の事件について、基本的には、買主に告げる必要があるでしょう。

２）　調査義務

　心理瑕疵について、宅建業者が知らない場合に、調査義務を負うかどうかということが、よく議論の対象となります。

　しかし、先述したようにプライバシー等にかかわることであり、また、取引の度に「自殺等の不幸なことや事故はありませんでしたか？」という点を、売主や以前の所有者等にいちいち確認しなければならない、とすることは現実的ではないでしょう。

　もっとも、例えば、宅建業者が自ら管理していた物件で事件が起こった場合や、新聞報道等があった場合など、宅建業者が一般的に知り得る状況になっているときは、調査し、告知することが適切でしょう。

2　その他

　その他、例えば、土地が元墓地である場合、祠等がある場合について
基本的には、1いわゆる心理的瑕疵に準じた対応が必要でしょう。

第17章
重要事項の説明方法

Ⅰ　説明する宅地建物取引士と説明の相手方

ここがポイント

❶重要事項説明は、買主・借主等が契約締結の検討を十分に行った上で契約に臨めるよう、契約前に時間的余裕をもって説明することが望ましい。

❷重要事項の説明は、重要事項説明書に記名押印した宅地建物取引士が行う必要がある。

❸重要事項説明において、宅地建物取引士証の提示を失念しないようにする。

❹重要事項説明の作成に当たっては事前に売主と十分調整を行い、義務ではないが、買主に行った重要事項説明の写しを売主に交付することが望ましい。

1 重要事項説明の実施時期

　重要事項説明は、買主・借主等が、取引対象の土地・建物の性状、権利関係、法令上の制限、取引条件等を十分認識せず契約を行い、契約後に思わぬ損害を被るといった事態の防止のため、宅建業者に、契約成立までの間に、「宅地建物取引士」をして、買主等に対し書面を交付して説明されることを義務付けたものです。

　したがって重要事項の説明は、重要事項説明を受けた買主等が締結するか否かの検討が十分に行えるよう、契約の直前ではなく、時間的余裕をもって行われることが望まれます。

2 重要事項説明は、重要事項説明書に記名押印した宅地建物取引士が行う

　宅建業法は、重要事項説明は、書面を交付して宅地建物取引士が説明を行うこと、宅地建物取引士は、当該書面に記名押印しなければならないことを規定しています。

　重要事項説明書の記名押印は、買主・借主等へ説明した者を明示するためであり、実際に説明する宅地建物取引士が記名押印をする必要があり

す。宅地建物取引士と業者の代表者とが同一人の場合、別個の人格として、
それぞれの記名押印をする必要があります。

　なお、重要事項説明は、登録を受けた宅地建物取引士しか行うことがで
きません。宅地建物取引士の立会いのもと、宅地建物取引士の資格のない
者がどんなに丁寧に説明したとしても、重要事項説明義務違反となること
にも留意が必要です。

③ 重要事項説明における宅地建物取引士証の提示を失念しない

　宅地建物取引士が重要事項説明を行う場合、宅地建物取引士証の提示が
義務付けられています。提示漏れのないよう、宅地建物取引士証を胸に着
用する等により、相手方または関係者に明確に示されるようにします。

　また、宅建業者は、従業者に従業者証明書を携帯させることを義務付け
ており、取引関係者より請求があった場合、従業者は従業者証明書を提示
する必要があります。当該従業者証明書の携行についても失念をしないよ
うにします。

④ 重要事項説明の相手方

　売買において、重要事項説明の相手方は、買主（交換する者を含む。）
であり、売主は対象ではありません。しかしながら、重要事項説明の内容
について、後で、売主側から、事実が異なるなどとしてトラブルが起こら
ないように、重要事項説明の作成に当たっては事前に売主と十分調整を行
うとともに、買主に行った重要事項説明の写しを売主にも交付することが
適切でしょう。

Ⅱ 記名押印の方法

ここがポイント

❶宅建業者は、商号または名称、代表者の氏名、主たる事務所の所在地、免許証番号、免許年月日を記載して、押印する。

❷宅地建物取引士は、氏名と登録番号を記載して、押印する。

❸宅建業者の記名押印については、社名、代表者名等を印刷すること、また、代表者印に代えて社印を押印することも認められる。

❹宅地建物取引士の記名押印は、印刷を避けることが望ましい。

❺重要事項説明書の訂正には、少なくとも宅地建物取引士の訂正印が必要である。

1 記名押印

　記名押印とは、広い意味での署名の一種で、何らかの方法で名称（個人の場合は氏名）を表示して、印章を押すことです。自筆で自分の名称を記す「自署」は、押印なくして署名としての効力を持ちます。

　記名は、一般に、社名等をタイプ、印刷、ゴム印（氏名判）等によって表示することも差し支えないとされていますが、法人の記名には、法人名のみでなく、法人を代表して行為を行う者の資格とその者の氏名をも表示する必要があります。

　押印は、一般に代表者印等を使用することが多いですが、社印等で押印することも差し支えないとされています。

2 宅建業者の記名押印の方法

　宅建業者は、重要事項説明書の記名押印に当たっては、商号または名称、代表者の氏名、主たる事務所の所在地、免許証番号、免許年月日を記載する必要があります。

　「代表者名」は、宅建業の免許に係る代表者が原則ですが、宅建業者の代表権を有する者、あるいは「政令で定める使用人」として宅地建物取引業に係る契約を締結する権限を有する者でもよいとされています。

　多店舗業者の支店については、支店が免許された事務所で、かつ、支店

が「政令で定める使用人」として取引業務に係る契約締結権限を有する
合には、支店長名でも可能です。

宅地建物取引士の記名押印の方法

宅地建物取引士の記名押印には、氏名判を使用することも差し支えあり
せん。しかし、氏名等を印刷することは、ともすれば記名押印した宅地
物取引士と実際説明を行った宅地建物取引士が異なるというトラブルが
生しがちですので、避けることが望ましいでしょう。

宅地建物取引士は、記名押印に際して、宅地建物取引士の資格確認を容
にするため、登録番号（都道府県名も併せて記載すること）も記載する
要があります。

重要事項説明書の訂正印

重要事項説明は、関与した業者と宅地建物取引士がそれぞれ責任を負う
め、重要事項説明書を訂正する場合には、業者と宅地建物取引士が訂正
を押印するのが原則ですが、少なくとも、宅地建物取引士の訂正印は必
です。

Ⅲ　確認書類の添付

ここがポイント

❶登記事項証明書を添付することが望ましい。

❷確認書類については、次のように取り扱う。
①本人確認資料は、提示や添付を要しない。
②処分権原確認資料は、提示を要するが、添付は要しない。
③未完成物件の物件確認資料は、添付を要する。

❸売主等による告知書や、マンション管理会社による重要事項説明報告書が入手できた場合には、添付する。

1 登記事項証明書の添付

　重要事項説明に当たって、「登記記録に記録された事項」の説明の漏れを防ぐために、登記事項証明書を添付することが望ましいでしょう。

　しかし、「登記記録に記録された事項」で重要なものは、重要事項説明書に記載して説明する必要があり、登記事項証明書を添付するだけでは、重要事項説明をしたことにはなりません。

2 確認書類の添付

　確認書類には種々のものがありますが、いずれについても、宅建業者は原本により確認することが必要です。

(1)　本人確認資料

　登記名義人の住所・氏名の相違に関する住民票等の本人確認資料は、宅建業者が確認していれば特段のトラブルの懸念もないことから、重要事項説明に当たって、提示・添付する必要はありません。

(2)　処分権限確認資料

　他人物売買に関する契約書等の売主としての処分権限確認資料は、個々の契約において異なることから、重要事項説明に当たって提示する必要がありますが、添付する必要はありません。

）　未完成物件の物件確認資料

　未完成物件に関する設計図書等の物件確認資料は、添付しなければなりません。

3　その他添付資料

　その他、主な添付資料としては、以下のようなものがあります。

）　売主等による告知書

　宅地建物の過去の履歴や隠れた瑕疵等、取引物件の売主や所有者しか分からない事項については、将来の紛争を防止するため、極力、売主等に告知書を作成してもらうことが適切です。売主等により告知書が作成された場合には、添付します。

　なお、交付に際しては、当該告知書が売主等の責任の下に作成されたものであることを説明することが必要です。

）　マンション管理会社による重要事項調査報告書

　マンション管理会社から、重要事項調査報告書の提供を受けた場合には、添付します（重要事項調査報告書については、88頁参照）。

Ⅳ　添付書類一覧

ここがポイント

　重要事項説明書に添付書類欄を設けて、交付する関係書類を記載するか、あるいは交付する関係書類一覧表を作成して、重要事項説明書に添付することが望ましい。

① 添付書類

　重要事項の説明に当たって、建物の形状、法令の制限や契約条項等の書面への記載が容易でない事項については、多くの場合、説明の補足資料として建物の平面図や契約書案文等を、また確認資料として登記事項証明書等を交付しています。

　宅建業法でも、未完成物件の形状等の説明に当たっては、一定の事項について図面を交付して説明するものとされています。工事完了時売買も、同様に説明するものとされています。

　また、マンションの管理規約等については、図面または規約等の交付で重要事項説明書への記載に代え得るとされています。

② 添付書類の取扱い

　重要事項の説明に当たって、図面等の関係書類を交付する場合、重要事項説明の当否が交付した書類の有無やその内容に係る場合も発生します。

　関係書類の交付を明確にして、関係書類の交付の有無等の後日のトラブルを防止するためには、重要事項説明書に添付書類欄を設けて交付する関係書類を記載するか、あるいは交付する関係書類の一覧表を作成して、重要事項説明書に添付することが望ましいでしょう。

Ⅴ　相手方の書面受領印

ここがポイント

　重要事項説明を行った場合には、相手方が重要事項説明を受けたことを明らかにするために、相手方の書面受領印をもらうことが望ましい。

相手方の確認

　重要事項説明を受けた、受けないのトラブルや、重要事項説明の内容をめぐるトラブルを防止するために、重要事項説明を行った場合には、相手方が重要事項説明を受けたことを明らかにする確認を受けることが望ましいでしょう。確認は、相手方に対して、記名押印を求めることで重要事項説明の重大さの認識を促し、その説明内容により注意を払うようになることも期待されます。

　また、重要事項説明書に記載された日付と、実際に説明がなされた日付とが異なることも少なくないので、確認に当たっては、説明を受けた日付を記入するようにすることが望ましいでしょう。

　実務においては、相手方に交付する重要事項説明書を正副2通作成して、正本に業者等が記名押印の上、相手方に交付し、副本には相手方の確認の記名押印を受けて、業者が保管する例が多いようです。

Ⅵ　複数の業者が関係する場合の説明義務

ここがポイント

❶関係するすべての宅建業者に説明の義務がある。

❷関係するすべての宅建業者と重要事項の説明を命ぜられたすべての宅地建物取引士は、それぞれ宅建業法の定めに従い重要事項の説明を行う必要がある。

実際的取扱いとしては、関係する業者によって重要事項の説明を命ぜられたすべての宅地建物取引士の共同により調査、確認して一冊の重要事項説明書を作成し、関係するすべての業者立会いの下、一社が代表して相手方に対して事情を説明し、宅地建物取引士の代表に口頭説明させることが適切である。

1　複数の業者が関係する場合の説明義務

　複数の宅建業者が関係する場合（例えば、売主業者、買主媒介業者、売主媒介業者）にも、すべての宅建業者は、それぞれ宅建業法の定めに従い、宅地建物取引士をして、重要事項について書面を交付して説明させ、交付する書面に宅建業者の記名押印をする必要があります。

　また、重要事項の説明を命ぜられたすべての宅地建物取引士も、それぞれ宅建業法の定めに従い、立ち会い、宅地建物取引士証を提示し、重要事項説明書を交付して説明し、重要事項説明を命じた業者の記名押印の下に、自己の記名押印をすることが必要です。

2　実務的な取扱い

　しかし、関係した複数の業者が、個々に原則どおりの説明を行うことは、かえって必要以上の煩雑さを招き、また説明内容の食い違いで相手方に混乱を与える場合がある等、必ずしも実務的に合理的な対応とはいえません。

　関係する宅建業者によって重要事項の説明を命ぜられたすべての宅地建物取引士の共同により、調査をして、一冊の重要事項説明書を作成の上、関係するすべての宅建業者、宅地建物取引士の立会いの下、宅建業者の代表が、相手方に対して「複数業者が媒介に当たったこと、それぞれの宅建業者が重要事項説明を行う必要があること、重要事項説明書を共同で調査

成したこと、宅建業者の一人が代表して説明を行うこと」を説明し、関係する宅地建物取引士の1名に代表して口頭説明させることが実務的な取扱いといえるでしょう。

　なお、代表して説明する業者の選定については特段の定めはなく、関係する業者の協議によることになります。

　この場合、すべての宅建業者、宅地建物取引士は、所定の欄に記名押印することが必要です。

　ただし、このような対応を行った場合でも、代表して重要事項説明を行った宅建業者と宅地建物取引士以外の者の責任が免除されるわけではありません。説明内容に間違い等があった場合には、すべての宅建業者、宅地建物取引士は、その内容について責任を負うことになります。

Ⅶ　IT を活用した説明

ここがポイント

　　一定の要件を満たした場合には、IT を活用した重要事項説明を行うことができる。

　従来は、「宅建業法の解釈・運用の考え方の第35条第１項関係」に、賃貸借取引においてのみ、IT を活用するに当たって、一定の事項をすべて満たしている場合に限り、対面による重要事項の説明と同様に取り扱うこととするとされていましたが、令和３年３月30日以降、売買取引においても、賃貸借取引と同様となりました。

　なお、売買取引においての要件は、賃貸借取引同様、宅建業法ではなく「宅建業法の解釈・運用の考え方の第35条第１項関係」に規定されています。

参考法令等

○宅地建物取引業法（抄）

（制定　昭和27年6月10日　法律第176号

最終改正　令和2年6月12日　法律第50号

（重要事項の説明等）

第35条　宅地建物取引業者は、宅地若しくは建物の売買、交換若しくは貸借の相手方
若しくは代理を依頼した者又は宅地建物取引業者が行う媒介に係る売買、交換若し
くは貸借の各当事者（以下「宅地建物取引業者の相手方等」という。）に対して、そ
の者が取得し、又は借りようとしている宅地又は建物に関し、その売買、交換又は
貸借の契約が成立するまでの間に、宅地建物取引士をして、少なくとも次に掲げる
事項について、これらの事項を記載した書面（第五号において図面を必要とすると
きは、図面）を交付して説明をさせなければならない。

一　当該宅地又は建物の上に存する登記された権利の種類及び内容並びに登記名義
　　人又は登記簿の表題部に記録された所有者の氏名（法人にあつては、その名称）

二　都市計画法、建築基準法その他の法令に基づく制限で契約内容の別（当該契約
　　の目的物が宅地であるか又は建物であるかの別及び当該契約が売買若しくは交換
　　の契約であるか又は貸借の契約であるかの別をいう。以下この条において同じ。）
　　に応じて政令で定めるものに関する事項の概要

三　当該契約が建物の貸借の契約以外のものであるときは、私道に関する負担に関
　　する事項

四　飲用水、電気及びガスの供給並びに排水のための施設の整備の状況（これらの
　　施設が整備されていない場合においては、その整備の見通し及びその整備につい
　　ての特別の負担に関する事項）

五　当該宅地又は建物が宅地の造成又は建築に関する工事の完了前のものであると
　　きは、その完了時における形状、構造その他国土交通省令・内閣府令で定める事
　　項

六　当該建物が建物の区分所有等に関する法律（昭和37年法律第69号）第2条第1
　　項に規定する区分所有権の目的であるものであるときは、当該建物を所有するた
　　めの1棟の建物の敷地に関する権利の種類及び内容、同条第4項に規定する共用
　　部分に関する規約の定めその他の1棟の建物又はその敷地（1団地内に数棟の建
　　物があつて、その団地内の土地又はこれに関する権利がそれらの建物の所有者の
　　共有に属する場合には、その土地を含む。）に関する権利及びこれらの管理又は使
　　用に関する事項で契約内容の別に応じて国土交通省令・内閣府令で定めるもの

六の二　当該建物が既存の建物であるときは、次に掲げる事項

イ　建物状況調査（実施後国土交通省令で定める期間を経過していないものに限る。）を実施しているかどうか、及びこれを実施している場合におけるその結果の概要

ロ　設計図書、点検記録その他の建物の建築及び維持保全の状況に関する書類で国土交通省令で定めるものの保存の状況

七　代金、交換差金及び借賃以外に授受される金銭の額及び当該金銭の授受の目的

八　契約の解除に関する事項

九　損害賠償額の予定又は違約金に関する事項

十　第41条第１項に規定する手付金等を受領しようとする場合における同条又は第41条の２の規定による措置の概要

十一　支払金又は預り金（宅地建物取引業者の相手方等からその取引の対象となる宅地又は建物に関し受領する代金、交換差金、借賃その他の金銭（第41条第１項又は第41条の２第１項の規定により保全の措置が講ぜられている手付金等を除く。）であつて国土交通省令・内閣府令で定めるものをいう。第64条の３第２項第一号において同じ。）を受領しようとする場合において、同号の規定による保証の措置その他国土交通省令・内閣府令で定める保全措置を講ずるかどうか、及びその措置を講ずる場合におけるその措置の概要

十二　代金又は交換差金に関する金銭の貸借のあつせんの内容及び当該あつせんに係る金銭の貸借が成立しないときの措置

十三　当該宅地又は建物が種類若しくは品質に関して契約の内容に適合しない場合におけるその不適合を担保すべき責任の履行に関し保証保険契約の締結その他の措置で国土交通省令・内閣府令で定めるものを講ずるかどうか、及びその措置を講ずる場合におけるその措置の概要

十四　その他宅地建物取引業者の相手方等の利益の保護の必要性及び契約内容の別を勘案して、次のイ又はロに掲げる場合の区分に応じ、それぞれ当該イ又はロに定める命令で定める事項

イ　事業を営む場合以外の場合において宅地又は建物を買い、又は借りようとする個人である宅地建物取引業者の相手方等の利益の保護に資する事項を定める場合　国土交通省令・内閣府令

ロ　イに規定する事項以外の事項を定める場合　国土交通省令

2　宅地建物取引業者は、宅地又は建物の割賦販売（代金の全部又は一部について、目的物の引渡し後１年以上の期間にわたり、かつ、２回以上に分割して受領することを条件として販売することをいう。以下同じ。）の相手方に対して、その者が取得

しようとする宅地又は建物に関し、その割賦販売の契約が成立するまでの間に、宅地建物取引士をして、前項各号に掲げる事項のほか、次に掲げる事項について、これらの事項を記載した書面を交付して説明をさせなければならない。

一　現金販売価格（宅地又は建物の引渡しまでにその代金の全額を受領する場合の価格をいう。）

二　割賦販売価格（割賦販売の方法により販売する場合の価格をいう。）

三　宅地又は建物の引渡しまでに支払う金銭の額及び賦払金（割賦販売の契約に基づく各回ごとの代金の支払分で目的物の引渡し後のものをいう。第42条第1項において同じ。）の額並びにその支払の時期及び方法

3　宅地建物取引業者は、宅地又は建物に係る信託（当該宅地建物取引業者を委託者とするものに限る。）の受益権の売主となる場合における売買の相手方に対して、その者が取得しようとしている信託の受益権に係る信託財産である宅地又は建物に関し、その売買の契約が成立するまでの間に、宅地建物取引士をして、少なくとも次に掲げる事項について、これらの事項を記載した書面（第五号において図面を必要とするときは、図面）を交付して説明をさせなければならない。ただし、その売買の相手方の利益の保護のため支障を生ずることがない場合として国土交通省令で定める場合は、この限りでない。

一　当該信託財産である宅地又は建物の上に存する登記された権利の種類及び内容並びに登記名義人又は登記簿の表題部に記録された所有者の氏名（法人にあつては、その名称）

二　当該信託財産である宅地又は建物に係る都市計画法、建築基準法その他の法令に基づく制限で政令で定めるものに関する事項の概要

三　当該信託財産である宅地又は建物に係る私道に関する負担に関する事項

四　当該信託財産である宅地又は建物に係る飲用水、電気及びガスの供給並びに排水のための施設の整備の状況（これらの施設が整備されていない場合においては、その整備の見通し及びその整備についての特別の負担に関する事項）

五　当該信託財産である宅地又は建物が宅地の造成又は建築に関する工事の完了前のものであるときは、その完了時における形状、構造その他国土交通省令で定める事項

六　当該信託財産である建物が建物の区分所有等に関する法律第2条第1項に規定する区分所有権の目的であるものであるときは、当該建物を所有するための1棟の建物の敷地に関する権利の種類及び内容、同条第4項に規定する共用部分に関する規約の定めその他の1棟の建物又はその敷地（1団地内に数棟の建物があつて

その団地内の土地又はこれに関する権利がそれらの建物の所有者の共有に属する
場合には、その土地を含む。）に関する権利及びこれらの管理又は使用に関する事
項で国土交通省令で定めるもの
七　その他当該信託の受益権の売買の相手方の利益の保護の必要性を勘案して国土
交通省令で定める事項
　宅地建物取引士は、前3項の説明をするときは、説明の相手方に対し、宅地建物
取引士証を提示しなければならない。
　第1項から第3項までの書面の交付に当たつては、宅地建物取引士は、当該書面
に記名押印しなければならない。
　次の表の第1欄に掲げる者が宅地建物取引業者である場合においては、同表の第
2欄に掲げる規定の適用については、これらの規定中同表の第3欄に掲げる字句は、
それぞれ同表の第4欄に掲げる字句とし、前2項の規定は、適用しない。

宅地建物取引業者の相手方等	第1項	宅地建物取引士をして、少なくとも次に掲げる事項について、これらの事項	少なくとも次に掲げる事項
		交付して説明をさせなければ	交付しなければ
第2項に規定する宅地又は建物の割賦販売の相手方	第2項	宅地建物取引士をして、前項各号に掲げる事項のほか、次に掲げる事項について、これらの事項	前項各号に掲げる事項のほか、次に掲げる事項
		交付して説明をさせなければ	交付しなければ

　宅地建物取引業者は、前項の規定により読み替えて適用する第1項又は第2項の
規定により交付すべき書面を作成したときは、宅地建物取引士をして、当該書面に
記名押印させなければならない。

○宅地建物取引業法施行令（抄）

（制定　昭和39年12月28日　政令第383号

最終改正　令和 2 年11月20日　政令第329

（法第35条第 1 項第二号の法令に基づく制限）

第 3 条　法第35条第 1 項第二号の法令に基づく制限で政令で定めるものは、宅地又
建物の貸借の契約以外の契約については、次に掲げる法律の規定（これらの規定
基づく命令及び条例の規定を含む。）に基づく制限で当該宅地又は建物に係るもの
び都市計画法施行法（昭和43年法律第101号）第38条第 3 項の規定により、なお従
の例によるものとされる緑地地域内における建築物又は土地に関する工事若しく
権利に関する制限（同法第26条及び第28条の規定により同法第38条第 3 項の規定
例によるものとされるものを含む。）で当該宅地又は建物に係るものとする。

一　都市計画法第29条第 1 項及び第 2 項、第35条の 2 第 1 項、第41条第 2 項、第
　条第 1 項、第43条第 1 項、第52条第 1 項、第52条の 2 第 1 項（同法第57条の 3
　1 項において準用する場合を含む。）、第52条の 3 第 2 項及び第 4 項（これらの
　定を同法第57条の 4 及び密集市街地における防災街区の整備の促進に関する法
　第284条において準用する場合を含む。次項において同じ。）、第53条第 1 項、第
　条第 2 項及び第 4 項、第58条第 1 項、第58条の 2 第 1 項及び第 2 項、第65条第
　項並びに第67条第 1 項及び第 3 項

二　建築基準法第39条第 2 項、第43条、第43条の 2 、第44条第 1 項、第45条第 1
　第47条、第48条第 1 項から第14項まで（同法第88条第 2 項において準用する場
　を含む。）、第49条（同法第88条第 2 項において準用する場合を含む。）、第49条
　2 （同法第88条第 2 項において準用する場合を含む。）、第50条（同法第88条第
　項において準用する場合を含む。）、第52条第 1 項から第14項まで、第53条第
　から第 8 項まで、第53条の 2 第 1 項から第 3 項まで、第54条、第55条第 1 項か
　第 3 項まで、第56条、第56条の 2 、第57条の 2 第 3 項、第57条の 4 第 1 項、第
　条の 5 、第58条、第59条第 1 項及び第 2 項、第59条の 2 第 1 項、第60条第 1 項
　び第 2 項、第60条の 2 第 1 項、第 2 項、第 3 項（同法第88条第 2 項において準
　する場合を含む。）及び第 6 項、第60条の 3 第 1 項、第 2 項及び第 3 項（同法第
　条第 2 項において準用する場合を含む。）、第61条、第67条第 1 項及び第 3 項か
　第 7 項まで、第68条第 1 項から第 4 項まで、第68条の 2 第 1 項及び第 5 項（こ
　らの規定を同法第88条第 2 項において準用する場合を含む。）、第68条の 9 、第75
　第75条の 2 第 5 項、第76条の 3 第 5 項、第86条第 1 項から第 4 項まで、第86条
　2 第 1 項から第 3 項まで並びに第86条の 8 第 1 項及び第 3 項

三　古都における歴史的風土の保存に関する特別措置法第8条第1項

四　都市緑地法第8条第1項、第14条第1項、第20条第1項、第29条、第35条第1項、第2項及び第4項、第36条、第39条第1項、第50条、第51条第5項並びに第54条第4項

五　生産緑地法第8条第1項

五の二　特定空港周辺航空機騒音対策特別措置法第5条第1項及び第2項（これらの規定を同条第5項において準用する場合を含む。）

五の三　景観法第16条第1項及び第2項、第22条第1項、第31条第1項、第41条、第63条第1項、第72条第1項、第73条第1項、第75条第1項及び第2項、第76条第1項、第86条、第87条第5項並びに第90条第4項

六　土地区画整理法第76条第1項、第99条第1項及び第3項、第100条第2項並びに第117条の2第1項及び第2項

六の二　大都市地域における住宅及び住宅地の供給の促進に関する特別措置法第83条において準用する土地区画整理法第99条第1項及び第3項並びに第100条第2項並びに大都市地域における住宅及び住宅地の供給の促進に関する特別措置法第7条第1項、第26条第1項及び第67条第1項

六の三　地方拠点都市地域の整備及び産業業務施設の再配置の促進に関する法律第21条第1項

六の四　被災市街地復興特別措置法第7条第1項

七　新住宅市街地開発法第31条及び第32条第1項

七の二　新都市基盤整備法第39条において準用する土地区画整理法第99条第1項及び第3項並びに第100条第2項並びに新都市基盤整備法第50条及び第51条第1項

八　旧公共施設の整備に関連する市街地の改造に関する法律第13条第1項（都市再開発法附則第4条第2項の規定によりなおその効力を有するものとされる旧防災建築街区造成法第55条第1項において準用する場合に限る。）

九　首都圏の近郊整備地帯及び都市開発区域の整備に関する法律第25条第1項

十　近畿圏の近郊整備区域及び都市開発区域の整備及び開発に関する法律第34条第1項

十一　流通業務市街地の整備に関する法律第5条第1項、第37条第1項及び第38条第1項

十二　都市再開発法第7条の4第1項及び第66条第1項及び第95条の2

十二の二　幹線道路の沿道の整備に関する法律（昭和55年法律第34号）第10条第1項及び第2項

十二の三　集落地域整備法（昭和62年法律第63号）第6条第1項及び第2項

十二の四　密集市街地における防災街区の整備の促進に関する法律第33条第1項及び第2項、第197条第1項、第230条、第283条第1項、第294条、第295条第5項並びに第298条第4項

十二の五　地域における歴史的風致の維持及び向上に関する法律（平成20年法律第40号）第15条第1項及び第2項並びに第33条第1項及び第2項

十三　港湾法第37条第1項第四号、第40条第1項、第45条の6、第50条の13及び第50条の20

十四　住宅地区改良法第9条第1項

十五　公有地の拡大の推進に関する法律（昭和47年法律第66号）第4条第1項及び第8条

十六　農地法第3条第1項、第4条第1項及び第5条第1項

十七　宅地造成等規制法第8条第1項及び第12条第1項

十七の二　マンションの建替え等の円滑化に関する法律第105条第1項

十七の三　都市公園法（昭和31年法律第79号）第23条

十八　自然公園法第20条第3項、第21条第3項、第22条第3項、第33条第1項、第48条及び第73条第1項（利用調整地区に係る部分を除く。）

十八の二　首都圏近郊緑地保全法（昭和41年法律第101号）第13条

十八の三　近畿圏の保全区域の整備に関する法律（昭和42年法律第103号）第14条

十八の四　都市の低炭素化の促進に関する法律（平成24年法律第84号）第43条

十八の五　水防法（昭和24年法律第193号）第15条の8第1項

十八の六　下水道法（昭和33年法律第79号）第25条の9

十九　河川法第26条第1項、第27条第1項、第55条第1項、第57条第1項、第58条の4第1項及び第58条の6第1項（これらの規定を同法第100条第1項において準用する場合を含む。）

十九の二　特定都市河川浸水被害対策法第9条、第16条第1項、第18条第1項、第25条第1項及び第31条

二十　海岸法第8条第1項

二十の二　津波防災地域づくりに関する法律第23条第1項、第52条第1項、第58条、第68条、第73条第1項、第78条第1項、第82条及び第87条第1項

二十一　砂防法第4条（同法第3条において準用する場合を含む。）

二十二　地すべり等防止法第18条第1項及び第42条第1項

二十三　急傾斜地の崩壊による災害の防止に関する法律第7条第1項

二十三の二　土砂災害警戒区域等における土砂災害防止対策の推進に関する法律第
　　10条第１項及び第17条第１項

二十四　森林法第10条の２第１項、第10条の11の６、第31条（同法第44条において
　　準用する場合を含む。）並びに第34条第１項及び第２項（これらの規定を同法第44
　　条において準用する場合を含む。）

二十四の二　森林経営管理法（平成30年法律第35号）第７条第３項及び第37条第３
　　項

二十五　道路法第47条の９、第48条の39及び第91条第１項

二十六　全国新幹線鉄道整備法（昭和45年法律第71号）第11条第１項（同法附則第
　　13項において準用する場合を含む。）

二十七　土地収用法第28条の３第１項（同法第138条第１項において準用する場合を
　　含む。）

二十八　文化財保護法第43条第１項、第45条第１項、第46条第１項及び第５項（こ
　　れらの規定を同法第83条において準用する場合を含む。次項において同じ。）、第
　　125条第１項、第128条第１項、第143条第１項（同条第２項において準用する場合
　　を含む。）並びに第182条第２項

二十九　航空法第49条第１項（同法第55条の２第３項又は自衛隊法第107条第２項に
　　おいて準用する場合を含む。）及び第56条の３第１項

三十　国土利用計画法（昭和49年法律第92号）第14条第１項、第23条第１項並びに
　　第27条の４第１項及び第３項（これらの規定を同法第27条の７第１項において準
　　用する場合を含む。）

三十の二　核原料物質、核燃料物質及び原子炉の規制に関する法律第51条の29第１
　　項

三十一　廃棄物の処理及び清掃に関する法律（昭和45年法律第137号）第15条の19第
　　１項及び第３項まで

三十二　土壌汚染対策法（平成14年法律第53号）第９条並びに第12条第１項及び第
　　３項

三十三　都市再生特別措置法（平成14年法律第22号）第45条の７、第45条の８第５
　　項及び第45条の11第４項（これらの規定を同法第45条の13第３項、第45条の14第
　　３項、第45条の21第３項、第73条第２項及び第109条の２第３項において準用する
　　場合を含む。）並びに第45条の20、第88条第１項及び第２項並びに第108条第１項
　　及び第２項

三十三の二　地域再生法（平成17年法律第24号）第17条の18第１項及び第３項

三十四　高齢者、障害者等の移動等の円滑化の促進に関する法律（平成18年法律〔
91号）第46条、第47条第3項及び第50条第4項（これらの規定を同法第51条の〔
第3項において準用する場合を含む。）

三十五　災害対策基本法（昭和36年法律第223号）第49条の5（同法第49条の7第〔
項において準用する場合を含む。）

三十六　東日本大震災復興特別区域法（平成23年法律第122号）第64条第4項及び〔
5項

三十七　大規模災害からの復興に関する法律（平成25年法律第55号）第28条第4〔
及び第5項

2　法第35条第1項第二号の法令に基づく制限で政令で定めるものは、宅地の貸借〔
契約については、前項に規定する制限のうち、都市計画法第52条の3第2項及び〔
4項、第57条第2項及び第4項並びに第67条第1項及び第3項、新住宅市街地開〔
法第31条、新都市基盤整備法第50条、流通業務市街地の整備に関する法律第37条〔
1項、公有地の拡大の推進に関する法律第4条第1項及び第8条並びに文化財保〔
法第46条第1項及び第5項の規定に基づくもの以外のもので、当該宅地に係るも〔
とする。

3　法第35条第1項第二号の法令に基づく制限で政令で定めるものは、建物の貸借〔
契約については、新住宅市街地開発法第32条第1項、新都市基盤整備法第51条第〔
項及び流通業務市街地の整備に関する法律第38条第1項の規定に基づく制限で、〔
該建物に係るものとする。

（法第35条第3項第二号の法令に基づく制限）

第3条の2　法第35条第3項第二号の法令に基づく制限で政令で定めるものは、前〔
第1項各号に掲げる法律の規定（これらの規定に基づく命令及び条例の規定を〔
む。）に基づく制限で当該信託財産である宅地又は建物に係るもの及び都市計画法〔
行法第38条第3項の規定により、なお従前の例によるものとされる緑地地域内に〔
ける建築物又は土地に関する工事若しくは権利に関する制限（同法第26条及び第2〔
条の規定により同法第38条第3項の規定の例によるものとされるものを含む。）で〔
該信託財産である宅地又は建物に係るものとする。

○宅地建物取引業法施行規則（抄）

（制定　昭和32年 7 月22日　建設省令第12号）

最終改正　令和 2 年12月23日　国土交通省令第98号

（法第35条第 1 項第五号の国土交通省令・内閣府令で定める事項）

第16条　法第35条第 1 項第五号の国土交通省令・内閣府令で定める事項は、宅地の場合にあつては宅地の造成の工事の完了時における当該宅地に接する道路の構造及び幅員、建物の場合にあつては建築の工事の完了時における当該建物の主要構造部、内装及び外装の構造又は仕上げ並びに設備の設置及び構造とする。

（法第35条第 1 項第六号の国土交通省令・内閣府令で定める事項）

第16条の 2　法第35条第 1 項第六号の国土交通省令・内閣府令で定める事項は、建物の貸借の契約以外の契約にあつては次に掲げるもの、建物の貸借の契約にあつては第三号及び第八号に掲げるものとする。

一　当該建物を所有するための 1 棟の建物の敷地に関する権利の種類及び内容

二　建物の区分所有等に関する法律（昭和37年法律第69号。以下この条、第16条の 4 の 3 、第16条の 4 の 6 及び第19条の 2 の 5 において「区分所有法」という。）第 2 条第 4 項に規定する共用部分に関する規約の定め（その案を含む。次号において同じ。）があるときは、その内容

三　区分所有法第 2 条第 3 項に規定する専有部分の用途その他の利用の制限に関する規約の定めがあるときは、その内容

四　当該 1 棟の建物又はその敷地の一部を特定の者にのみ使用を許す旨の規約（これに類するものを含む。次号及び第六号において同じ。）の定め（その案を含む。次号及び第六号において同じ。）があるときは、その内容

五　当該 1 棟の建物の計画的な維持修繕のための費用、通常の管理費用その他の当該建物の所有者が負担しなければならない費用を特定の者にのみ減免する旨の規約の定めがあるときは、その内容

六　当該 1 棟の建物の計画的な維持修繕のための費用の積立てを行う旨の規約の定めがあるときは、その内容及び既に積み立てられている額

七　当該建物の所有者が負担しなければならない通常の管理費用の額

八　当該 1 棟の建物及びその敷地の管理が委託されているときは、その委託を受けている者の氏名（法人にあつては、その商号又は名称）及び住所（法人にあつては、その主たる事務所の所在地）

九　当該 1 棟の建物の維持修繕の実施状況が記録されているときは、その内容

（法第35条第 1 項第六号の二イの国土交通省令で定める期間）

第16条の2の2　法第35条第1項第六号のニイの国土交通省令で定める期間は、1
とする。

（法第35条第1項第六号のニロの国土交通省令で定める書類）

第16条の2の3　法第35条第1項第六号のニロの国土交通省令で定める書類は、売
又は交換の契約に係る住宅に関する書類で次の各号に掲げるものとする。

一　建築基準法（昭和25年法律第201号）第6条第1項（同法第87条第1項又は同
第87条の4において準用する場合を含む。）の規定による確認の申請書及び同法
18条第2項（同法第87条第1項又は同法第87条の4において準用する場合を
む。）の規定による計画通知書並びに同法第6条第1項及び同法第18条第3項（
れらの規定を同法第87条第1項又は同法第87条の4において準用する場合を
む。）の確認済証

二　建築基準法第7条第5項及び同法第18条第18項（これらの規定を同法第87条
4において準用する場合を含む。）の検査済証

三　法第34条の2第1項第四号に規定する建物状況調査の結果についての報告書

四　既存住宅に係る住宅の品質確保の促進等に関する法律（平成11年法律第81号
第6条第3項に規定する建設住宅性能評価書

五　建築基準法施行規則（昭和25年建設省令第40号）第5条第3項及び同規則第
条第3項に規定する書類

六　当該住宅が昭和56年5月31日以前に新築の工事に着手したものであるときは
地震に対する安全性に係る建築基準法並びにこれに基づく命令及び条例の規定
適合するもの又はこれに準ずるものであることを確認できる書類で次に掲げる
の

イ　建築物の耐震改修の促進に関する法律（平成7年法律第123号）第4条第1
に規定する基本方針のうち同条第2項第三号の技術上の指針となるべき事項
基づいて建築士が行った耐震診断の結果についての報告書

ロ　既存住宅に係る住宅の品質確保の促進等に関する法律第6条第3項の建設
宅性能評価書

ハ　既存住宅の売買に係る特定住宅瑕疵担保責任の履行の確保等に関する法律（
成19年法律第66号）第19条第二号の保険契約が締結されていることを証する
類

ニ　イからハまでに掲げるもののほか、住宅の耐震性に関する書類

（支払金又は預り金）

第16条の3　法第35条第1項第十一号の国土交通省令・内閣府令で定める支払金又

預り金は、代金、交換差金、借賃、権利金、敷金その他いかなる名義をもつて授受されるかを問わず、宅地建物取引業者の相手方等から宅地建物取引業者がその取引の対象となる宅地又は建物に関し受領する金銭とする。ただし、次の各号に該当するものを除く。

一　受領する額が50万円未満のもの

二　法第41条又は第41条の2の規定により、保全措置が講ぜられている手付金等

三　売主又は交換の当事者である宅地建物取引業者が登記以後に受領するもの

四　報酬

（支払金又は預り金の保全措置）

第16条の4　宅地建物取引業者が受領しようとする支払金又は預り金について法第35条第1項第十一号の国土交通省令・内閣府令で定める保全措置は、次の各号の1に掲げるものとする。

一　銀行、信託会社その他令第4条に定める金融機関又は指定保証機関（以下「銀行等」という。）との間において、宅地建物取引業者が受領した支払金又は預り金の返還債務その他の当該支払金又は預り金に関する債務を負うこととなつた場合において当該銀行等がその債務を連帯して保証することを委託する契約（以下「一般保証委託契約」という。）を締結し、かつ、当該一般保証委託契約に基づいて当該銀行等が当該債務を連帯して保証することを約する書面を宅地建物取引業者の相手方等に交付すること。

二　保険事業者との間において、宅地建物取引業者が受領した支払金又は預り金の返還債務その他の当該支払金又は預り金に関する債務の不履行により宅地建物取引業者の相手方等に生じた損害のうち少なくとも当該債務の不履行に係る支払金又は預り金の額に相当する部分を当該保険事業者がうめることを約する保証保険契約を締結し、かつ、保険証券又はこれに代わるべき書面を宅地建物取引業者の相手方等に交付すること。

三　次のイからハまでに掲げる措置をいずれも講ずること。

　イ　指定保管機関との間において、宅地建物取引業者が自己に代理して当該指定保管機関に支払金又は預り金を受領させることとするとともに、当該指定保管機関が、当該宅地建物取引業者が受領した支払金又は預り金の額に相当する額の金銭を保管することを約する契約（以下「一般寄託契約」という。）を締結し、かつ、当該一般寄託契約を証する書面を宅地建物取引業者の相手方等に交付すること。

　ロ　宅地建物取引業者の相手方等との間において、宅地建物取引業者の相手方等

　　　　が宅地建物取引業者に対して有することとなる支払金又は預り金の返還を目的
　　　とする債権の担保として、一般寄託契約に基づく寄託金の返還を目的とする債
　　　権について質権を設定する契約（以下「一般質権設定契約」という。）を締結し、
　　　かつ、当該一般質権設定契約を証する書面を宅地建物取引業者の相手方等に交
　　　付し、及び当該一般質権設定契約による質権の設定を民法（明治29年法律第89
　　　号）第467条の規定による確定日付のある証書をもつて指定保管機関に通知する
　　　こと。

　　ハ　イ及びロに掲げる措置を講ずる場合において、既に自ら支払金又は預り金を
　　　受領しているときは、自ら受領した支払金又は預り金の額に相当する額（既に
　　　指定保管機関が保管する金銭があるときは、その額を除いた額）の金銭を、宅
　　　地建物取引業者の相手方等が支払金又は預り金の支払をする前に、指定保管機
　　　関に交付すること。

2　前項第一号の規定による一般保証委託契約は、銀行等が次の各号に掲げる要件に
　適合する保証契約を宅地建物取引業者の相手方等との間において成立させることを
　内容とするものでなければならない。

　一　保証債務が、少なくとも宅地建物取引業者が受領した支払金又は預り金の額に
　　相当する額の債務を保証するものであること。

　二　保証すべき債務が、少なくとも宅地建物取引業者が売主又は交換の当事者であ
　　る場合においては登記まで、買主である場合においては代金の支払まで、その他
　　の場合においては支払金又は預り金を売主、交換の他の当事者又は貸主が受領す
　　るまで（売買又は交換に係る支払金又は預り金を登記前に宅地建物取引業者が受
　　領するときは、登記まで）に生じたものであること。

3　第1項第二号の規定による保証保険契約は、次の各号に掲げる要件に適合するも
　のでなければならない。

　一　保険金額が、宅地建物取引業者が受領しようとする支払金又は預り金の額（既
　　に受領した支払金又は預り金があるときは、その額を加えた額）に相当する金額
　　であること。

　二　保険期間が、少なくとも保証保険契約が成立した時から、宅地建物取引業者が
　　売主又は交換の当事者である場合においては登記まで、買主である場合において
　　は代金の支払まで、その他の場合においては支払金又は預り金を売主、交換の他
　　の当事者又は貸主が受領するまで（売買又は交換に係る支払金又は預り金を登記
　　前に宅地建物取引業者が受領するときは、登記まで）の期間であること。

4　第1項第三号イの規定による一般寄託契約は、次に掲げる要件に適合するもので

なければならない。

一　保管される金額が、宅地建物取引業者が受領しようとする支払金又は預り金の額（既に受領した支払金又は預り金で指定保管機関に保管されていないものがあるときは、その保管されていないものの額を加えた額）に相当する金額であること。

二　保管期間が、少なくとも指定保管機関が宅地建物取引業者に代理して支払金又は預り金を受領した時から、宅地建物取引業者が売主又は交換の当事者である場合においては登記まで、買主である場合においては代金の支払まで、その他の場合においては支払金又は預り金を売主、交換の他の当事者又は貸主が受領するまで（売買又は交換に係る支払金又は預り金を登記前に宅地建物取引業者が受領するときは、登記まで）の期間であること。

5　第1項第三号ロの規定による一般質権設定契約は、設定される質権の存続期間が、少なくとも当該質権が設定された時から、宅地建物取引業者が売主又は交換の当事者である場合においては登記まで、買主である場合においては代金の支払まで、その他の場合においては支払金又は預り金を売主、交換の他の当事者又は貸主が受領するまで（売買又は交換に係る支払金又は預り金を登記前に宅地建物取引業者が受領するときは、登記まで）の期間であるものでなければならない。

（担保責任の履行に関する措置）

第16条の4の2　法第35条第1項第十三号の国土交通省令・内閣府令で定める措置は、次の各号のいずれかに掲げるものとする。

一　当該宅地又は建物が種類又は品質に関して契約の内容に適合しない場合におけるその不適合を担保すべき責任の履行に関する保証保険契約又は責任保険契約の締結

二　当該宅地又は建物が種類又は品質に関して契約の内容に適合しない場合におけるその不適合を担保すべき責任の履行に関する保証保険又は責任保険を付保することを委託する契約の締結

三　当該宅地又は建物が種類又は品質に関して契約の内容に適合しない場合におけるその不適合を担保すべき責任の履行に関する債務について銀行等が連帯して保証することを委託する契約の締結

四　特定住宅瑕疵担保責任の履行の確保等に関する法律第11条第1項に規定する住宅販売瑕疵担保保証金の供託

（法第35条第1項第十四号イの国土交通省令・内閣府令及び同号ロの国土交通省令で定める事項）

第16条の4の3　法第35条第1項第十四号イの国土交通省令・内閣府令及び同号ロの国土交通省令で定める事項は、宅地の売買又は交換の契約にあつては第一号から第

三号の二までに掲げるもの、建物の売買又は交換の契約にあつては第一号から第六号までに掲げるもの、宅地の貸借の契約にあつては第一号から第三号の二まで及び第八号から第十三号までに掲げるもの、建物の貸借の契約にあつては第一号から第五号まで及び第七号から第十二号までに掲げるものとする。

一　当該宅地又は建物が宅地造成等規制法（昭和36年法律第191号）第20条第1項により指定された造成宅地防災区域内にあるときは、その旨

二　当該宅地又は建物が土砂災害警戒区域等における土砂災害防止対策の推進に関する法律（平成12年法律第57号）第7条第1項により指定された土砂災害警戒区域内にあるときは、その旨

三　当該宅地又は建物が津波防災地域づくりに関する法律（平成23年法律第123号）第53条第1項により指定された津波災害警戒区域内にあるときは、その旨

三の二　水防法施行規則（平成12年建設省令第44号）第11条第一号の規定により当該宅地又は建物が所在する市町村の長が提供する図面に当該宅地又は建物の位置が表示されているときは、当該図面における当該宅地又は建物の所在地

四　当該建物について、石綿の使用の有無の調査の結果が記録されているときは、その内容

五　当該建物（昭和56年6月1日以降に新築の工事に着手したものを除く。）が建物の耐震改修の促進に関する法律第4条第1項に規定する基本方針のうち同条第2項第三号の技術上の指針となるべき事項に基づいて次に掲げる者が行う耐震診断を受けたものであるときは、その内容

　イ　建築基準法第77条の21第1項に規定する指定確認検査機関

　ロ　建築士

　ハ　住宅の品質確保の促進等に関する法律第5条第1項に規定する登録住宅性能評価機関

　ニ　地方公共団体

六　当該建物が住宅の品質確保の促進等に関する法律第5条第1項に規定する住宅性能評価を受けた新築住宅であるときは、その旨

七　台所、浴室、便所その他の当該建物の設備の整備の状況

八　契約期間及び契約の更新に関する事項

九　借地借家法（平成3年法律第90号）第2条第一号に規定する借地権で同法第22条の規定の適用を受けるものを設定しようとするとき、又は建物の賃貸借で同法第38条第1項若しくは高齢者の居住の安定確保に関する法律（平成13年法律第26号）第52条の規定の適用を受けるものをしようとするときは、その旨

十　当該宅地又は建物の用途その他の利用に係る制限に関する事項（当該建物が区分所有法第２条第１項に規定する区分所有権の目的であるときにあつては、第16条の１第三号に掲げる事項を除く。）

十一　敷金その他いかなる名義をもつて授受されるかを問わず、契約終了時において清算することとされている金銭の精算に関する事項

十二　当該宅地又は建物（当該建物が区分所有法第２条第１項に規定する区分所有権の目的であるものを除く。）の管理が委託されているときは、その委託を受けている者の氏名（法人にあつては、その商号又は名称）及び住所（法人にあつては、その主たる事務所の所在地）

十三　契約終了時における当該宅地の上の建物の取壊しに関する事項を定めようとするときは、その内容

（法第35条第３項ただし書の国土交通省令で定める場合）

第16条の４の４　法第35条第３項ただし書の国土交通省令で定める場合は、次に掲げる場合とする。

一　金融商品取引法（昭和23年法律第25号）第２条第31項に規定する特定投資家（同法第34条の２第５項により特定投資家以外の顧客とみなされる者を除く。）及び同法第34条の３第４項により特定投資家とみなされる者を信託の受益権の売買の相手方とする場合

二　信託の受益権の売買契約の締結前１年以内に売買の相手方に対し当該契約と同一の内容の契約について書面を交付して説明をしている場合

三　売買の相手方に対し金融商品取引法第２条第10項に規定する目論見書（書面を交付して説明すべき事項のすべてが記載されているものに限る。）を交付している場合

２　書面を交付して説明をした日（この項の規定により書面を交付して説明をしたものとみなされた日を含む。）から１年以内に当該説明に係る売買契約と同一の内容の売買契約の締結を行つた場合には、当該締結の日において書面を交付して説明をしたものとみなして、前項第二号の規定を適用する。

（法第35条第３項第五号の国土交通省令で定める事項）

第16条の４の５　法第35条第３項第五号に規定する国土交通省令で定める事項は、当該信託財産が宅地の場合にあつては宅地の造成の工事の完了時における当該宅地に接する道路の構造及び幅員、建物の場合にあつては建築の工事の完了時における当該建物の主要構造部、内装及び外装の構造又は仕上げ並びに設備の設置及び構造とする。

（法第35条第3項第六号の国土交通省令で定める事項）

第16条の4の6 法第35条第3項第六号の国土交通省令で定める事項は、次に掲げるものとする。

一 当該信託財産である建物を所有するための1棟の建物の敷地に関する権利の種類及び内容

二 区分所有法第2条第4項に規定する共用部分に関する規約の定め（その案を含む。次号において同じ。）があるときは、その内容

三 区分所有法第2条第3項に規定する専有部分の用途その他の利用の制限に関する規約の定めがあるときは、その内容

四 当該信託財産である1棟の建物又はその敷地の一部を特定の者にのみ使用を許す旨の規約（これに類するものを含む。次号及び第六号において同じ。）の定め（その案を含む。次号及び第六号において同じ。）があるときは、その内容

五 当該信託財産である1棟の建物の計画的な維持修繕のための費用、通常の管理費用その他の当該建物の所有者が負担しなければならない費用を特定の者にのみ減免する旨の規約の定めがあるときは、その内容

六 当該信託財産である1棟の建物の計画的な維持修繕のための費用の積立てを行う旨の規約の定めがあるときは、その内容及び既に積み立てられている額

七 当該信託財産である建物の所有者が負担しなければならない通常の管理費用の額

八 当該信託財産である1棟の建物及びその敷地の管理が委託されているときは、その委託を受けている者の氏名（法人にあつては、その商号又は名称）及び住所（法人にあつては、その主たる事務所の所在地）

九 当該信託財産である1棟の建物の維持修繕の実施状況が記録されているときは、その内容

（法第35条第3項第七号の国土交通省令で定める事項）

第16条の4の7 法第35条第3項第七号の国土交通省令で定める事項は、当該信託財産が宅地の場合にあつては第一号から第三号の二まで及び第七号に掲げるもの、当該信託財産が建物の場合にあつては第一号から第七号までに掲げるものとする。

一 当該信託財産である宅地又は建物が宅地造成等規制法第20条第1項により指定された造成宅地防災区域内にあるときは、その旨

二 当該信託財産である宅地又は建物が土砂災害警戒区域等における土砂災害防止対策の推進に関する法律第7条第1項により指定された土砂災害警戒区域内にあるときは、その旨

三　当該信託財産である宅地又は建物が津波防災地域づくりに関する法律第53条第
　　１項により指定された津波災害警戒区域内にあるときは、その旨

三の二　水防法施行規則第11条第一号の規定により当該信託財産である宅地又は建
　　物が所在する市町村の長が提供する図面に当該信託財産である宅地又は建物の位
　　置が表示されているときは、当該図面における当該信託財産である宅地又は建物
　　の所在地

四　当該信託財産である建物について、石綿の使用の有無の調査の結果が記録され
　　ているときは、その内容

五　当該信託財産である建物（昭和56年６月１日以降に新築の工事に着手したもの
　　を除く。）が建築物の耐震改修の促進に関する法律第４条第１項に規定する基本方
　　針のうち同条第２項第三号の技術上の指針となるべき事項に基づいて次に掲げる
　　者が行う耐震診断を受けたものであるときは、その内容

　　イ　建築基準法第77条の21第１項に規定する指定確認検査機関

　　ロ　建築士

　　ハ　住宅の品質確保の促進等に関する法律第５条第１項に規定する登録住宅性能
　　　評価機関

　　ニ　地方公共団体

六　当該信託財産である建物が住宅の品質確保の促進等に関する法律第５条第１項
　　に規定する住宅性能評価を受けた新築住宅であるときは、その旨

七　当該信託財産である宅地又は建物の瑕疵を担保すべき責任の履行に関し保証保
　　険契約の締結その他の措置で次に掲げるものを講じられているときは、その概要

　　イ　当該信託財産である宅地又は建物の瑕疵を担保すべき責任の履行に関する保
　　　証保険契約又は責任保険契約の締結

　　ロ　当該信託財産である宅地又は建物の瑕疵を担保すべき責任の履行に関する保
　　　証保険又は責任保険を付保することを委託する契約の締結

　　ハ　当該信託財産である宅地又は建物の瑕疵を担保すべき責任の履行に関する債
　　　務について銀行等が連帯して保証することを委託する契約の締結

○宅地建物取引業法の解釈・運用の考え方（抄）

（制定　平成13年1月6日　国土交通省総動発第3号
最終改正　令和3年4月23日　国土動第5号

（第35条第1項関係）

1　重要事項の説明について

　宅地建物取引業者は、重要事項の説明に先立ち、重要事項の説明を受けようとする者に対して、あらかじめ重要事項説明の構成や各項目の留意点について理解を深められるよう、重要事項の全体像について書面を交付して説明することが望ましい。この場合、交付する書面は、別添2〔略〕〔p6参照〕を参考とすることが望ましい。

　本項各号に掲げる事項は、宅地建物取引業者がその相手方又は依頼者に説明すべき事項のうち最小限の事項を規定したものであり、これらの事項以外にも場合によっては説明を要する重要事項があり得る。

　重要事項の説明は、説明を受ける者が理解しやすい場面で分かりやすく説明することが望ましく、取引物件に直接関係する事項であるため取引物件を見ながら説明する方が相手方の理解を深めることができると思われる事項については、重要事項の全体像を示しながら取引物件の現場で説明することが望ましい。ただし、このような場合にも、説明を受ける者が重要事項全体を十分把握できるよう、従来どおり契約の締結までの間に改めて宅地建物取引士が重要事項全体の説明をすることとする。

　なお、重要事項の説明を行う際には、別添3〔p196参照〕に示す「重要事項説明書」を参考とすることが望ましい。

2　宅地若しくは建物の売買若しくは交換又は宅地若しくは建物の売買、交換若しくは貸借の代理若しくは媒介に係る重要事項の説明にITを活用する場合の取扱いについて

　宅地若しくは建物の売買若しくは交換又は宅地若しくは建物の売買、交換若しくは貸借の代理若しくは媒介に係る重要事項の説明にテレビ会議等のITを活用するに当たっては、次に掲げるすべての事項を満たしている場合に限り、対面による重要事項の説明と同様に取り扱うこととする。

　なお、宅地建物取引士は、ITを活用した重要事項の説明を開始した後、映像を視認できない又は音声を聞き取ることができない状況が生じた場合には、直ちに説明を中断し、当該状況が解消された後に説明を再開するものとする。

　(1)　宅地建物取引士及び重要事項の説明を受けようとする者が、図面等の書類及び説明の内容について十分に理解できる程度に映像を視認でき、かつ、双方が発する音声を十分に聞き取ることができるとともに、双方向でやりとりできる環境において実施していること。

(2)　宅地建物取引士により記名押印された重要事項説明書及び添付書類を、重要事項の説明を受けようとする者にあらかじめ送付していること。

(3)　重要事項の説明を受けようとする者が、重要事項説明書及び添付書類を確認しながら説明を受けることができる状態にあること並びに映像及び音声の状況について、宅地建物取引士が重要事項の説明を開始する前に確認していること。

(4)　宅地建物取引士が、宅地建物取引士証を提示し、重要事項の説明を受けようとする者が、当該宅地建物取引士証を画面上で視認できたことを確認していること。

土地区画整理法第110条の規定による清算金に関する説明について

宅地建物取引業者が土地区画整理事業の施行地区内の仮換地の売買等の取引に関与する場合は、重要事項の説明時にその売買、交換及び貸借の当事者に対して「換地処分の公告後、当該事業の施行者から換地処分の公告の日の翌日における土地所有者及び借地人に対して清算金の徴収又は交付が行われることがある」旨を重要事項説明書に記載の上説明することとする。

借地権付建物及び借地権の存する宅地の売買等について

(1)　宅地建物取引業者が、借地権付建物の売買等を行う場合においては、建物と敷地の権利関係の重要性にかんがみ、当該借地権の内容について説明することとする。

(2)　売買等の対象である借地権付建物が、建物の区分所有等に関する法律第2条第1項に規定する区分所有権の目的であるものであるときには、法第35条第1項第六号に基づき、必ず当該借地権の内容を説明することとする。

(3)　宅地建物取引業者が、借地権の存する宅地の売買等を行う場合において、当該借地権が登記されたものである場合は、法第35条第1項第一号に基づき、必ず借地権の内容につき説明することとする。

　　当該借地権の登記がない場合においても、土地の上に借地権者が登記された建物を所有するときは第三者に対抗できることにかんがみ、宅地建物取引業者は、当該宅地上に建物が存する場合には、建物と当該宅地の権利関係を確認し、借地権の存否及び借地権の内容につき説明することとする。

　　また、借地権の登記がなく、宅地上に建物が存しない場合においても、借地権者が、借地借家法第10条第2項に基づき、土地の上に一定の掲示をしたときは第三者に対抗できることにかんがみ、宅地建物取引業者は、当該宅地上に借地権の存在を知り得た場合においては、借地権の内容につき説明することとする。

借地権付建物の賃貸借の代理又は媒介について

宅地建物取引業者が、借地権付建物の賃貸借の代理又は媒介を行う場合においては、当該借地契約の建物賃借人にとっての重要性にかんがみ、当該建物が借地権付建物で

ある旨及び借地権の内容につき説明することとする。

（第35条第1項第四号関係）

　ガス配管設備等に関して、住宅の売買後においても宅地内のガスの配管設備等の所有権が家庭用プロパンガス販売業者にあるものとする場合には、その旨の説明をすることとする。

（第35条第1項第五号関係）

1　宅地の形状、構造について

　当該宅地の地積、外周の各辺の長さを記入した平面図を交付し、また、当該宅地の道路からの高さ、擁壁、階段、排水施設、井戸等の位置、構造等について説明することとし、特にこれらの施設の位置については、上記の平面図に記入することとする。なお、上記の平面図は、これらの状況が十分に理解できる程度の縮尺のものにすることとする。

2　建物の形状、構造について

　当該建物の敷地内における位置、各階の床面積及び間取りを示す平面図（マンション等建物の一部にあっては、敷地及び当該敷地内における建物の位置を示す平面図並びに当該物件の存する階の平面図並びに当該物件の平面図）を交付し、また、当該建物の鉄筋コンクリート造、ブロック造、木造等の別、屋根の種類、階数等を説明することとする。なお、上記の平面図は、これらの状況が十分に理解できる程度の縮尺のものにすることとする。

3　宅地に接する道路の構造及び幅員について

　道路については、その位置及び幅員を1の平面図に記入し、また側溝等の排水施設、舗装の状況等について説明することとする。

4　建物の主要構造部、内装及び外装の構造又は仕上げについて

　主要構造部（建築基準法上の主要構造部をいう。）については、それぞれの材質を、内装及び外装については、主として天井及び壁面につきその材質、塗装の状況等を説明することとする。

5　建物の設備の設置及び構造について

　建築基準法上の建築設備のほか、厨房設備、照明設備、備え付けの家具等当該建物に附属する設備（屋内の設備に限らず門、へい等屋外の設備をも含む。）のうち主要なものについて、その設置の有無及び概況（配置、個数、材質等）を説明することとし、特に配置については、図面で示すことが必要かつ可能である場合には、2の平面図に記入することとする。

6　工事完了時売買について

宅地建物の工事完了前売買については、工事完了時における当該宅地建物の形状、構造その他国土交通省令で定める事項を記載した書面を交付して説明することとされているが、工事完了時売買についても工事完了前売買と同様にこれらの事項について説明することとする。

また、いずれの場合においても、図面その他の書面への記載に当たっては、建物の構造、設備、仕上げ等について購入者が理解しやすいように具体的に記載することとする。

重要事項説明書について

本号に掲げる事項について図面を交付したときは、その図面に記載されている事項を改めて重要事項説明書に記載することを要しないこととする。

（第35条第1項第六号関係）

敷地に関する権利の種類及び内容について（規則第16条の2第一号関係）

「敷地」に関しては、総面積として実測面積、登記簿上の面積、建築確認の対象とされた面積を記載することとする。なお、やむを得ない理由により、これらのうちいずれかが判明しない場合にあっては、その旨を記載すれば足りるものとする。また、中古物件の代理、媒介の場合にあっては、実測面積、建築確認の対象とされた面積が特に判明している場合のほかは、登記簿上の面積を記載することをもって足りるものとする。

「権利の種類」に関しては、所有権、地上権、賃借権等に区別して記載することとする。

「権利の内容」に関しては、所有権の場合は対象面積を記載することをもって足りるものとするが、地上権、賃借権等の場合は対象面積及びその存続期間もあわせて記載することとする。なお、地代、賃借料等についても記載することを要するものとするが、これについては区分所有者の負担する額を記載することとする。

共用部分に関する規約の定めについて（規則第16条の2第二号関係）

「共用部分に関する規約の定め」には、いわゆる規約共用部分に関する規約の定めのほか、いわゆる法定共用部分であっても規約で確認的に共用部分とする旨の定めがあるときにはその旨を含むものである。

かっこ書で「その案を含む」としたのは、新規分譲等の場合には、買主に提示されるものが規約の案であることを考慮したものである。

共用部分に関する規約が長文にわたる場合においては、その要点を記載すれば足りるものとする。

専有部分の利用制限に関する規約について（規則第16条の2第三号関係）

「専有部分の用途その他の利用の制限に関する規約の定め」には、例えば、居住用（
限り事業用としての利用の禁止、フローリングへの貼替工事、ペット飼育、ピアノ（
用等の禁止又は制限に関する規約上の定めが該当する。

　なお、ここでいう規約には、新規分譲等の場合に買主に示されるものが規約の案（
あることを考慮して、その案も含むこととされている。また、専有部分の利用制限（
ついて規約の細則等において定められた場合においても、その名称の如何に関わら（
規約の一部と認められるものを含めて説明事項としたものである。

　また、当該規約の定めが長文にわたる場合においては、重要事項説明書にはその要
点を記載すれば足りるものとする。その際、要点の記載に代えて、規約等の写しを添
付することとしても差し支えないものであるが、該当箇所を明示する等により相手方
に理解がなされるよう配慮することとする。

4　専用使用権について（規則第16条の2第四号関係）

　規則第16条の2第四号は、いわゆる専用使用権の設定がなされているものに関す（
ものであり、通常、専用庭、バルコニー等に設定されるものであるが、これらについ
ては、その項目を記載するとともに専用使用料を徴収している場合にあってはその（
及びその帰属先を記載することとする。

　駐車場については特に紛争が多発していることにかんがみ、その「内容」として（
使用し得る者の範囲、使用料の有無、使用料を徴収している場合にあってはその帰
先等を記載することとする。

5　マンション管理規約に定められる金銭的な負担を特定の者にのみ減免する条項（
　　ついて（規則第16条の2第五号関係）

　マンション管理規約とは、分譲マンションの区分所有者が組織する管理組合が定め
るマンションの管理又は使用に関する基本ルールであるが、新築分譲マンションの場
合は、分譲開始時点で管理組合が実質的に機能していないため、宅建業者が管理規約
の案を策定し、これを管理組合が承認する方法で定められる方法が多い。そのため、
購入者にとって不利な金銭的負担が定められている規約も存在し、その旨が「中高層
分譲共同住宅の管理等に関する行政監察報告書」（平成11年11月）においても指摘さ（
ているところである。このような内容の規約を定めること自体望ましいものではない
場合もあるが、契約自由の原則を踏まえつつ、購入者の利益の保護を図るため、管理
規約中に標記に該当する内容の条項が存在する場合は、その内容の説明義務を宅建業
者に義務付けるものである。

　なお、本規定は、中古マンションの売買についてもその適用を排除するものではな（
その場合、当該売買の際に存在する管理規約について調査・説明を行うこととなる。

修繕積立金等について（規則第16条の２第六号関係）

規則第16条の２第六号は、いわゆる大規模修繕積立金、計画修繕積立金等の定めに関するものであり、一般の管理費でまかなわれる通常の維持修繕はその対象とはされないこととする。

また、当該区分所有建物に関し修繕積立金等についての滞納があるときはその額を告げることとする。

なお、この積立て額は時間の経緯とともに変動するので、できる限り直近の数値（直近の決算期における額等）を時点を明示して記載することとする。

管理費用について（規則第16条の２第七号関係）

「通常の管理費用」とは、共用部分に係る共益費等に充当するため区分所有者が月々負担する経常的経費をいい、規則第16条の２第六号の修繕積立金等に充当される経費は含まれないものとする。

また、管理費用についての滞納があればその額を告げることとする。

なお、この「管理費用の額」も人件費、諸物価等の変動に伴い変動するものと考えられるので、できる限り直近の数値を時点を明示して記載することとする。

管理が委託されている場合について（規則第16条の２第八号関係）

規則第16条の２第八号においては、管理の委託を受けている者の氏名及び住所を説明すべき事項としているが、管理を受託している者が、「マンションの管理の適正化の推進に関する法律（平成12年法律第149号）」第44条の登録を受けている者である場合には、重要事項説明書に氏名とあわせてその者の登録番号を記載し、その旨説明することとする。

また、管理の委託先のほか、管理委託契約の主たる内容もあわせて説明することが望ましい。

マンション修繕の過去の実施状況について（規則第16条の２第九号関係）

規則第16条の２第九号の維持修繕は、第六号と同様に共用部分における大規模修繕、計画修繕を想定しているが、通常の維持修繕や専有部分の維持修繕を排除するものではない。専有部分に係る維持修繕の実施状況の記録が存在する場合は、売買等の対象となる専有部分に係る記録についてのみ説明すれば足りるものとする。

また、本説明義務は、維持修繕の実施状況の記録が保存されている場合に限って課されるものであり、管理組合、マンション管理業者又は売主に当該記録の有無を照会の上、存在しないことが確認された場合は、その照会をもって調査義務を果たしたことになる。

⑩　規約等の内容の記載及びその説明について

　マンション等の規約その他の定めは、相当な量に達するのが通例であるため重要[事]項としては共用部分に関する規約の定め、専有部分に関する規約等の定め、専用使[用]権に関する規約等の定め、修繕積立金等に関する規約等の定め及び金銭的な負担を[特]定の者にのみ減免する規約の定めについてに限って説明義務を課すこととし、重要[事]項説明書にはその要点を記載すれば足りることとしているが、この場合、規約等の[記]載に代えて規約等を別添することとしても差し支えない。なお、規約等を別添する[場]合には、規則第16条の2第二号から第六号までに該当する規約等の定めの該当箇所[を]明示する等により相手方に理解がなされるよう配慮するものとする。

11　数棟の建物の共有に属する土地について

　1棟の建物が1団地内に所在し、その団地内の土地又はこれに関する権利が当該[一]棟の建物を含む数棟の建物の所有者の共有に属する場合にあっては、その共有に属[す]る土地等についても区分所有者が共有持分を有するものであるので、必要に応じ、[共]有の対象とされている土地の範囲、当該建物の区分所有者が有する共有持分の割合[及]びその共有に属する土地の使途等についても重要事項説明書に記載し、適宜、その[内]容を説明するものとする。

（第35条第1項第六号の二関係）

1　重要事項説明の対象となる建物状況調査について

　建物状況調査が過去1年以内に実施されている場合には、建物状況調査を実施し[た]者が作成した「建物状況調査の結果の概要（重要事項説明用）」（別添4）〔p96参照〕に基づき、劣化事象等の有無を説明することとする。説明を行うに当たっては、当[該]建物状況調査を実施した者が既存住宅状況調査技術者であることを既存住宅状況調[査]技術者講習実施機関のホームページ等において確認した上で行うよう留意すること。

　本説明義務については、売主等に建物状況調査の実施の有無を照会し、必要に応[じ]て管理組合及び管理業者にも問い合わせた上、実施の有無が判明しない場合は、そ[の]照会をもって調査義務を果たしたことになる。

　実施後1年を経過していない建物状況調査が複数ある場合は、直近に実施された[建]物状況調査を重要事項説明の対象とする。ただし、直近に実施されたもの以外の建[物]状況調査により劣化事象等が確認されている場合には、消費者の利益等を考慮し、[当]該建物状況調査についても買主等に説明することが適当である。なお、取引の判断[に]重要な影響を及ぼすと考えられる建物状況調査を直近のもの以外に別途認識してい[る]にもかかわらず、当該建物状況調査について説明しない場合には、法第47条違反[と]なりうる。

　また、建物状況調査を実施してから1年を経過する前に大規模な自然災害が発生

た場合等、重要事項の説明時の建物の現況が建物状況調査を実施した時と異なる可能性がある場合であっても、自然災害等による建物への影響の有無及びその程度について具体的に判断することは困難であることや、自然災害等が発生する以前の建物状況調査において劣化事象等が確認されていた場合等においてはその調査結果が取引に係る判断の参考になることを踏まえ、当該建物状況調査についても重要事項として説明することが適当である。

建物の建築及び維持保全の状況に関する書類について（規則第16条の2の3関係）

規則第16条の2の3各号に掲げる書類の保存の状況に関する説明は、原則として、当該書類の有無を説明するものであり、当該書類に記載されている内容の説明まで宅地建物取引業者に義務付けるものではない。なお、規則第16条の2の3各号に掲げる書類の作成義務がない場合や当該書類が交付されていない場合には、その旨を説明することが望ましい。

また、本説明義務については、売主等に当該書類の保存の状況について照会し、必要に応じて管理組合及び管理業者にも問い合わせた上、当該書類の有無が判明しない場合は、その照会をもって調査義務を果たしたことになる。なお、管理組合や管理業者等、売主等以外の者が当該書類を保存している場合には、その旨を併せて説明することとする。

(1) 確認の申請書、確認済証及び検査済証について（規則第16条の2の3第一号及び第二号関係）

当該住宅が増改築等を行っているもので、新築時以外の確認の申請書、確認済証又は検査済証がある場合には、新築時のものに加えてそれらの書類の保存の状況も説明する必要がある。なお、一部の書類がない場合には、その旨を重要事項説明書に記載することとする。

確認済証又は検査済証が保存されていない場合であっても、当該住宅が建築確認又は完了検査を受けたことを証明できるものとして、建築基準法の特定行政庁の台帳に記載されている旨を証明する書類（台帳記載事項証明書）が交付され、保存されている場合には、その旨を重要事項説明書に記載し、説明することが適切である。

また、検査済証の交付を受けていない住宅の場合においても、「検査済証のない建築物に係る指定確認検査機関等を活用した建築基準法適合状況調査のためのガイドライン」（平成26年7月2日国住指第1137号）に基づく法適合状況調査報告書が作成され、保存されている場合には、当該住宅を増改築等する際の建築確認の資料等として活用できるため、法適合状況調査報告書が保存されている旨を重要

事項説明書に記載し、説明することが適切である。

(2) 建物状況調査結果報告書（規則第16条の２の３第三号関係）

　　宅地建物取引業法第34条の２第１項第四号に規定する建物状況調査を実施し▮

結果の内容が記載された書類の保存状況について説明する必要がある。

(3) 既存住宅に係る建設住宅性能評価書について（規則第16条の２の３第四号関係▮

　　住宅の品質確保の促進等に関する法律に基づき交付された既存住宅に係る建▮

住宅性能評価書の保存状況について説明する必要がある。

(4) 定期調査報告書について（規則第16条の２の３第五号関係）

　　一定の建築物や昇降機等の建築設備については、建築基準法に基づき一定の▮

期ごとに定期調査報告を行うものとされている。定期調査報告の対象の住宅等▮

ついて、過去に複数回の定期調査報告があった場合には、そのうち直近のもの▮

関する書類の保存の状況を説明することとする。

　　また、取引対象物件自体は定期調査報告の対象ではないが、昇降機等の建築▮

備については定期検査報告の対象となっている場合には、その書類の保存の状▮

についても説明する必要がある。

(5) 昭和56年６月１日以降の耐震基準（いわゆる新耐震基準）等に適合すること▮

確認できる書類について（規則第16条の２の３第六号関係）

　　昭和56年５月31日以前に新築の工事に着手した建物であるか否かの判断に▮

たっては、確認済証又は検査済証に記載する確認済証交付年月日の日付をもと▮

判断することとする。

　　確認済証又は検査済証がない場合は、建物の表題登記をもとに判断すること▮

その際、居住の用に供する建物（区分所有建物を除く。）の場合は、表題登記日▮

昭和56年12月31日以前であるもの、事業の用に供する建物及び区分所有建物の▮

合は、表題登記日が昭和58年５月31日以前であるものについて説明を行うこと▮

する。また、家屋課税台帳に建築年月日の記載がある場合についても同様に取▮

扱うこととする。

　　なお、特定住宅瑕疵担保責任の履行の確保等に関する法律に基づく既存住宅▮

買瑕疵保険の引受けは、新耐震基準等に適合する既存住宅が対象となっており、▮

昭和56年５月31日以前に新築の工事に着手したものについて、現況検査により▮

化事象等が確認されない場合には、①から④までの書類のいずれか有効なもの▮

あれば、新耐震基準等に適合するものとして扱われる。

① 耐震診断結果報告書について

　　耐震診断結果報告書は、建築士の登録番号、記名及び押印があるものに限る▮

ととする。

② 既存住宅に係る建設住宅性能評価書について

　住宅の品質確保の促進等に関する法律に基づき交付された既存住宅に係る建設住宅性能評価書のうち、日本住宅性能表示基準（平成13年国土交通省告示第1346号）別表2-1の1-1耐震等級（構造躯体の倒壊等防止）に関して、等級1、等級2又は等級3の評価を受けた建設住宅性能評価書の保存の状況を説明する必要がある。(3)と異なり、等級0の評価を受けた建設住宅性能評価書については、当該書類が保存されている場合であっても新耐震基準等に適合することが確認できる書類ではないため、「無」と説明することに留意すること。

③ 既存住宅売買瑕疵保険の付保証明書について

　売買等の対象の住宅について以前交付された既存住宅売買瑕疵保険の付保証明書がある場合は、当該住宅が新耐震基準等に適合することが確認できるため、既存住宅売買瑕疵保険の付保証明書の保存の状況について説明する。

④ 住宅の耐震性に関する書類について

　住宅の耐震性に関する書類は、次に掲げるものとする。

・建築物の耐震改修の促進に関する法律第4条第1項に規定する基本方針のうち同条第2項第三号の技術上の指針となるべき事項に基づいて指定確認検査機関、登録住宅性能評価機関又は地方公共団体が耐震診断を行い、作成した耐震診断結果報告書

・建築士法第20条第2項に規定する証明書（構造確認書）の写し（建築基準法に規定する構造計算書が併せて保存されている場合には、構造計算書の保存の状況についても併せて説明することとする。）

・租税特別措置法施行規則に規定する国土交通大臣が財務大臣と協議して定める書類又は地方税法施行規則に規定する国土交通大臣が総務大臣と協議して定める書類であって所定の税制特例を受けるために必要となる証明書（耐震基準適合証明書、住宅耐震改修証明書、固定資産税減額証明書又は耐震改修に関して発行された増改築等工事証明書）の写し

第35条第1項第八号関係）

築条件付土地売買契約について

地建物取引業者が、いわゆる建築条件付土地売買契約を締結しようとする場合は、物の工事請負契約の成否が土地の売買契約の成立又は解除条件である旨を説明するともに、工事請負契約が締結された後に土地売買契約を解除する際は、買主は手付を放棄することになる旨を説明することとする。なお、買主と建設業者等の間で予算、

設計内容、期間等の協議が十分に行われていないまま、建築条件付土地売買契約の締結と工事請負契約の締結が同日又は短期間のうちに行われることは、買主の希望等特段の事由がある場合を除き、適当でない。

（第35条第1項第十号関係）

手付金等の保全措置について

法第41条第1項第一号に掲げる措置か同条同項第二号に掲げる措置かの別、第一号に掲げる措置にあっては保証を行う機関の種類（銀行、信用金庫、農林中央金庫、指定保証機関等の別）及び保証又は保証保険を行う機関の名称又は商号を説明することとする。

法第41条の2に規定する手付金等の保管措置をとる場合においては、手付金等寄託契約を締結した後に、売主と買主の間で質権設定契約を締結しなければならない旨、買主に対して十分説明することとする。

なお、質権設定契約は手付金等寄託契約の締結後であれば売買契約の締結前に行っても差し支えないこと、質権設定契約は、あくまで手付金等の保全のための措置であり、売買契約の申込み、予約等とは異なるものであること、手付金等寄託契約の締結後の金銭の支払は、買主から指定保管機関に対して直接行われることとする。

（第35条第1項第十一号関係）

支払金又は預り金の保全措置について

「その措置の概要」とは、保全措置を行う機関の種類及びその名称又は商号とする。

（第35条第1項第十二号関係）

1　提携ローン等に係る金利について

宅地建物取引業者が提携ローン等に係る金利をアド・オン方式により表示する場合には、実質金利を付記するものとし、かつ、実質金利の表示は、年利建てにより行うこととする。

2　ローン不成立等の場合について

金融機関との金銭消費貸借に関する保証委託契約が成立しないとき又は金融機関の融資が認められないときは売主又は買主は売買契約を解除することができる旨、及び解除権の行使が認められる期限を設定する場合にはその旨を説明する。

また、売買契約を解除したときは、売主は手付又は代金の一部として受領した金銭を無利息で買主に返還することとする。

（第35条第1項第十三号関係）

担保責任の履行に関する措置について（規則第16条の4の2関係）

1　規則第16条の4の2第一号から第三号までについて

規則第16条の4の2第一号から第三号までに掲げる担保責任の履行に関する措置

ずる場合には、「その措置の概要」として、少なくとも次に掲げる事項を説明することとする。

・保証保険契約又は責任保険契約にあっては、当該保険を行う機関の名称又は商号、保険期間、保険金額及び保険の対象となる宅地建物の種類又は品質に関して契約の内容に適合しない場合におけるその不適合（以下「契約不適合」という。）の範囲

・保証保険又は責任保険の付保を委託する契約にあっては、当該保険の付保を受託する機関の名称又は商号、保険期間、保険金額及び保険の対象となる宅地建物の契約不適合の範囲

・保証委託契約にあっては、保証を行う機関の種類及びその名称又は商号、保証債務の範囲、保証期間及び保証の対象となる宅地建物の契約不適合の範囲

　例えば、新築住宅の売主Aが当該住宅を機関Bに登録し、機関Bが当該登録に基づいて売主Aの担保責任に関する責任保険の付保を行う場合には、機関Bへの登録に基づき機関Bが売主Aの担保責任に関する責任保険の付保を行う旨、保険期間、保険金額及び保険の対象となる契約不適合の範囲を説明することとする。

　当該措置の概要として、当該措置に係る契約の締結等に関する書類を別添することとして差し支えない。

　当該宅地又は建物が宅地の造成又は建物の建築に関する工事の完了前のものである等の事情により、重要事項の説明の時点で担保責任の履行に関する措置に係る契約の締結が完了していない場合にあっては、当該措置に係る契約を締結する予定であること及びその見込みの内容の概要について説明するものとする。

規則第16条の4の2第四号について

　規則第16条の4の2第四号に掲げる担保責任の履行に関する措置を講ずる場合には、「その措置の概要」として、次に掲げる事項を説明することとする。

・住宅販売瑕疵担保保証金の供託をする供託所の表示及び所在地

・特定住宅瑕疵担保責任の履行の確保等に関する法律施行令第6条第1項の販売新築住宅については、同項の書面に記載された2以上の宅地建物取引業者それぞれの瑕疵担保負担割合（同項に規定する販売瑕疵負担割合をいう。）以下同じ。）の合計に対する当該宅地建物取引業者の販売瑕疵担保負担割合の割合

（第35条第1項第十四号関係）

第35条第1項第十四号の省令事項（規則第16条の4の3）について

　宅地の売買又は交換の契約に当たっては以下の1から3の2を、建物の売買又は交換の契約に当たっては1から6までの事項を、宅地の貸借の契約に当たっては1から

３の２まで及び８から13までの事項を、建物の貸借の契約に当たっては１から５ま〔
及び７から12までの事項を説明することとする。

1 宅地又は建物が造成宅地防災区域内にある旨について（規則第16条の４の３第〔号関係）

本説明義務は、売買・交換・貸借の対象である宅地又は建物が宅地造成等規制法〔20条第１項により指定された造成宅地防災区域内にあるか否かについて消費者に確〔せしめるものである。

2 宅地又は建物が土砂災害警戒区域内にある旨について（規則第16条の４の３第〔号関係）

本説明義務は、売買・交換・貸借の対象である宅地又は建物が土砂災害警戒区域〔における土砂災害防止対策の推進に関する法律第６条第１項により指定された土砂〔害警戒区域内にあるか否かについて消費者に確認せしめるものである。

3 宅地又は建物が津波災害警戒区域内にある旨について（規則第16条の４の３第〔号関係）

本説明義務は、売買・交換・貸借の対象である宅地又は建物が津波防災地域づく〔に関する法律第53条第１項により指定された津波災害警戒区域内にあるか否かにつ〔て消費者に確認せしめるものである。

3の2 水防法の規定による図面における宅地又は建物の所在地について（規則第〔条の４の３第３号の２関係）

本説明義務は、売買・交換・貸借の対象である宅地又は建物が水防法（昭和24年〔律第193号）に基づき作成された水害（洪水・雨水出水（以下「内水」という。）・〔潮）ハザードマップ（以下「水害ハザードマップ」という。）上のどこに所在するか〔ついて消費者に確認せしめるものであり、取引の対象となる宅地又は建物の位置を〔む水害ハザードマップを、洪水・内水・高潮のそれぞれについて提示し、当該宅地〔は建物の概ねの位置を示すことにより行うこととする。

本説明義務における水害ハザードマップは、取引の対象となる宅地又は建物が存〔る市町村（特別区を含む。以下同じ。）が配布する印刷物又は当該市町村のホームペー〔ジ等に掲載されたものを印刷したものであって、当該市町村のホームページ等を確〔し入手可能な最新のものを用いることとする。

当該市町村に照会し、当該市町村が取引の対象となる宅地又は建物の位置を含む〔害ハザードマップの全部又は一部を作成せず、又は印刷物の配布若しくはホームペー〔ジ等への掲載等をしていないことが確認された場合は、その照会をもって調査義務〔果たしたことになる。この場合は、提示すべき水害ハザードマップが存しない旨の〔

を行う必要がある。

なお、本説明義務については、水害ハザードマップに記載されている内容の説明ま宅地建物取引業者に義務付けるものではないが、水害ハザードマップが地域の水害スクと水害時の避難に関する情報を住民等に提供するものであることに鑑み、水害ザードマップ上に記載された避難所について、併せてその位置を示すことが望ましい。また、水害ハザードマップに記載された浸水想定区域に該当しないことをもって、害リスクがないと相手方が誤認することのないよう配慮するとともに、水害ハザードマップに記載されている内容については今後変更される場合があることを補足するとが望ましい。

建物に係る石綿の使用の有無の調査の結果について（規則第16条の4の3第四号関係）

石綿の使用の有無の調査結果の記録が保存されているときは、「その内容」として、査の実施機関、調査の範囲、調査年月日、石綿の使用の有無及び石綿の使用の箇所説明することとする。ただし、調査結果の記録から、これらのうちいずれかが判明ない場合にあっては、売主等に補足情報の告知を求め、それでもなお判明しないとは、その旨を説明すれば足りるものとする。

調査結果の記録から容易に石綿の使用の有無が確認できる場合には、当該調査結果記録を別添することも差し支えない。

本説明義務については、売主及び所有者に当該調査の記録の有無を照会し、必要にじて管理組合、管理業者及び施工会社にも問い合わせた上、存在しないことが確認れた場合又はその存在が判明しない場合は、その照会をもって調査義務を果たしたとになる。

なお、本説明義務については、石綿の使用の有無の調査の実施自体を宅地建物取引者に義務付けるものではないことに留意すること。

また、紛争の防止の観点から、売主から提出された調査結果の記録を説明する場合は、主等の責任の下に行われた調査であることを、建物全体を調査したものではない場は、調査した範囲に限定があることを、それぞれ明らかにすること。

建物の耐震診断の結果について（規則第16条の4の3第五号関係）

次の書類を別添することとして差し支えない。

・住宅の品質確保の促進等に関する法律第5条第1項に規定する住宅性能評価書の写し（当該家屋について日本住宅性能表示基準別表2-1の1-1耐震等級（構造躯体の倒壊等防止）に係る評価を受けたものに限る。）

・租税特別措置法施行規則に規定する国土交通大臣が財務大臣と協議して定める書

類又は地方税法施行規則に規定する国土交通大臣が総務大臣と協議して定める
類であって所定の税制特例を受けるために必要となる証明書（耐震基準適合証明
住宅耐震改修証明書、固定資産税減額証明書又は耐震改修に関して発行された
改築等工事証明書）の写し

・指定確認検査機関、建築士、登録住宅性能評価機関、地方公共団体が作成した
築物の耐震診断結果報告書の写し

　昭和56年5月31日以前に確認を受けた建物であるか否かの判断にあたっては、確
済証又は検査済証に記載する確認済証交付年月日の日付をもとに判断することとする

　確認済証又は検査済証がない場合は、建物の表題登記をもとに判断することとし
その際、居住の用に供する建物（区分所有建物を除く）の場合は、表題登記日が昭
56年12月31日以前であるもの、事業の用に供する建物及び区分所有建物の場合は、
題登記日が昭和58年5月31日以前であるものについて説明を行うこととする。また
家屋課税台帳に建築年月日の記載がある場合についても同様に取扱うこととする。

　また、本説明義務については、売主及び所有者に当該耐震診断の記録の有無を照会
必要に応じて管理組合及び管理業者にも問い合わせた上、存在しないことが確認さ
た場合は、その照会をもって調査義務を果たしたことになる。

　なお、本説明義務については、耐震診断の実施自体を宅地建物取引業者に義務付
るものではないことに留意すること。

　建築物の耐震改修の促進に関する法律の一部を改正する法律（平成17年法律第1
号）の施行前に行った耐震診断については、改正前の建築物の耐震改修の促進に関
る法律第3条に基づく特定建築物の耐震診断及び耐震改修に関する指針（平成7年
設省告示第2089号）に基づいた耐震診断であり、耐震診断の実施主体が規則第16条
4の3第五号イからニまでに掲げる者である場合には、同号に規定する耐震診断と
て差し支えない。

6　住宅性能評価制度を利用する新築住宅である旨について（規則第16条の4の3
六号関係）

　本説明義務は、住宅の品質確保の促進等に関する法律の住宅性能評価制度を利用
た新築住宅であるか否かについて消費者に確認せしめるものであり、当該評価の具
的内容の説明義務まで負うものではない。

7　浴室、便所等建物の設備の整備の状況について（規則第16条の4の3第七号関係

　建物の貸借の契約の場合においては、浴室、便所、台所等建物の設備の整備の有
形態、使用の可否等日常生活に通常使用する設備の整備の状況を説明事項としてい
例えば、ユニットバス等の設備の形態、エアコンの使用の可否が該当する。

また、規則第16条の４の３第七号に掲げた設備は、専ら居住用の建物を念頭に置いた例示であるので、事業用の建物（オフィス、店舗等）にあっては、空調設備等事業用の建物に固有の事項のうち、事業の業種、取引の実情等を勘案し重要なものについて説明する必要がある。

契約期間及び契約の更新に関する事項について（規則第16条の４の３第八号関係）

規則第16条の４の３第八号は、例えば契約の始期及び終期、２年毎に更新を行うこと、更新時の賃料の改定方法等が該当する。また、こうした定めがない場合は、その旨の説明を行う必要がある。

定期借地権、定期建物賃貸借及び終身建物賃貸借について（規則第16条の４の３第九号関係）

定期借地権を設定しようとするとき、定期建物賃貸借契約又は終身建物賃貸借契約をしようとするときは、その旨を説明することとする。

なお、定期建物賃貸借に関する上記説明義務は、借地借家法第38条第２項に規定する賃貸人の説明義務とは別個のものである。また、宅地建物取引業者が賃貸人を代理して当該説明義務を行う行為は、宅地建物取引業法上の貸借の代理の一部に該当し、関連の規定が適用されることとなる。

用途その他の利用の制限に関する事項について（規則第16条の４の３第十号関係）

規則第16条の４の３第十号は、例えば事業用としての利用の禁止等の制限、事業用の業種の制限のほか、ペット飼育の禁止、ピアノ使用の禁止等の利用の制限が該当する。

なお、増改築の禁止、内装工事の禁止等賃借人の権限に本来属しないことによる制限については、規則第16条の４の３第九号に係る事項には含まれないものとする。

契約終了時における金銭の精算に関する事項について（規則第16条の４の３第十一号関係）

規則第16条の４の３第十一号は、例えば賃料等の滞納分との相殺や一定の範囲の原状回復費用として敷金が充当される予定の有無、原状回復義務の範囲として定まっているものなどが該当する。

なお、本事項は、貸借の契約の締結に際してあらかじめ定まっている事項を説明すべき事項としたものであり、こうした事項が定まっていない場合にはその旨を説明する必要がある。

管理委託を受けた者の氏名及び住所について（規則第16条の４の３第十二号関係）

賃貸住宅の管理業務等の適正化に関する法律第２条第１項の賃貸住宅を取引の対象とする場合には、重要事項説明書に同法第２条第２項の管理業務の委託を受けた者の氏名（法人にあっては、その商号又は名称）、住所（法人にあっては、その主たる事務

所の所在地）及び同法第５条第１項第２号の登録番号（同法第３条第１項の登録を[※]
けた者である場合に限る。）を記載し、その旨説明することとする。

　なお、規則第16条の４の３第12号の「委託を受けている者」には、単純な清掃等[※]
物の物理的な維持行為のみを委託されている者までも含む趣旨ではない。

13　契約終了時における建物の取壊しに関する事項について（規則第16条の４の３^第

　　十三号関係）

　主に一般定期借地権を念頭においているものである。例えば、50年後に更地にし^て
返還する条件がある場合にあっては、その内容が該当する。

（第35条第４項関係）

宅地建物取引士証の提示について

　提示の方法としては、宅地建物取引士証を胸に着用する等により、相手方又は関^係
者に明確に示されるようにする。なお、提示に当たり、個人情報保護の観点から、宅
地建物取引士証の住所欄にシールを貼ったうえで提示しても差し支えないものとす^る
ただし、シールは容易に剥がすことが可能なものとし、宅地建物取引士証を汚損し^な
いよう注意すること。

別添3） 第35条第1項関係

重 要 事 項 説 明 書

（売買・交換）

（第一面）

　　　　　　　　　　　　　　　　　　　　年　　　月　　　日

　　　　　殿

　下記の不動産について、宅地建物取引業法（以下「法」という）。第35条の規定に基づき、次のとおり説明します。この内容は重要ですから、十分理解されるようお願いします。

商号又は名称
代表者の氏名　　　　　　　　　　　　　　　　　　　　印
主たる事務所
免 許 証 番 号
免 許 年 月 日

説 明 を す る 宅 地 建 物 取 引 士	氏　　　名	印	
	登 録 番 号	（　　　　　　　　　　　　　）	
	業務に従事する事務所	電話番号（　　　　　）　－	

取 引 の 態 様 （法第34条第2項）	売買　　・　　交換
	当事者　・　代理　・　媒介

土地	所 在 地				
	登 記 簿 の 地 目		面積	登記簿面積	m²
				実 測 面 積	m²
建物	所 在 地				
	家 屋 番 号		床面積	1 階　　　m²	計　　　m²
	種類及び構造			2 階　　　m²	
売主の住所・氏名					

（第二面）

Ⅰ　対象となる宅地又は建物に直接関係する事項

　1　登記記録に記録された事項

	所有権に関する事項 （権利部（甲区））		所有権以外の権利に 関する事項（権利部 （乙区））
		所有権に係る権利に 関する事項	
土 地	名義人　　氏　名 　　　　　住　所		
建 物	名義人　　氏　名 　　　　　住　所		

　2　都市計画法、建築基準法等の法令に基づく制限の概要

　　（1）都市計画法・建築基準法に基づく制限

1 都市計画法	区　域　の　別	制　限　の　概　要		
	市　街　化　区　域 市街化調整区域 非　線　引　区　域 準都市計画区域 そ　の　他			
2 建築基準法	イ　用途地域名	制　限　の　内　容		
	ロ　地域・地区・街区名等	制　限　の　内　容		
	ハ　建築面積の限度 　　（建ぺい率制限）	（敷地面積　　　　　m² −　　　　m²）×　　　＝　　　m
	ニ　延建築面積の限度 　　（容積率制限）	（敷地面積　　　　　m² −　　　　m²）×　　　＝　　　m
	ホ　敷地等と道路との関係	
	ヘ　私道の変更又は廃止の 　　制限	
	ト　その他の制限	

（第三面）

（2）（1）以外の法令に基づく制限

	法　令　名	制　限　の　概　要
1		
2		
3		
4		

3　私道に関する負担に関する事項

負担の有無	有　・　無	備　　考
（負担の内容） 　面　積　　　　　　　　　m² 　負担金　　　　　　　　　円		

4　飲用水・電気・ガスの供給施設及び排水施設の整備状況

直ちに利用可能な施設		施設の整備予定	施設整備に関する特別負担の有無	
飲用水	公営・私営・井戸	年　月　日　公営・私営・井戸	有・無	円
電　気		年　月　日	有・無	円
ガ　ス	都市・プロパン	年　月　日　都市・プロパン	有・無	円
排　水		年　月　日　（　　　） 浄化槽施設の必要　　有・無	有・無	円
備　考				

5　宅地造成又は建物建築の工事完了時における形状、構造等（未完成物件のとき）

宅 地	形状及び構造	
	宅地に接する道路の幅員及び構造	

（第四面）

	形状及び構造		
建物	主要構造部、内装及び外装の構造・仕上げ		
	設備の設置及び構造	設置する設備	構　　造

6　建物状況調査の結果の概要（既存の建物のとき）

建物状況調査の実施の有無	有	無
建物状況調査の結果の有無		

7　建物の建築及び維持保全の状況に関する書類の保存の状況（既存の建物のとき

	保存の状況	
確認の申請書及び添付図書並びに確認済証（新築時のもの）	有	無
検査済証（新築時のもの）	有	無
増改築等を行った物件である場合		
確認の申請書及び添付図書並びに確認済証（増改築等のときのもの）	有	無
検査済証（増改築等のときのもの）	有	無
建物状況調査を実施した住宅である場合		
建物状況調査結果報告書	有	無
既存住宅性能評価を受けた住宅である場合		
既存住宅性能評価書	有	無
建築基準法第12条の規定による定期調査報告の対象である場合		
定期調査報告書	有	無

（第五面）

昭和56年5月31日以前に新築の工事に着手した住宅である場合			
	新耐震基準等に適合していることを証する書類 書類名：（　　　　　　　　　　　　　　　）	有	無
備考			

8　当該宅地建物が造成宅地防災区域内か否か

造成宅地防災区域内	造成宅地防災区域外

9　当該宅地建物が土砂災害警戒区域内か否か

土砂災害警戒区域内	土砂災害警戒区域外

10　当該宅地建物が津波災害警戒区域内か否か

津波災害警戒区域内	津波災害警戒区域外

11　水防法の規定により市町村の長が提供する図面（水面ハザードマップ）における当該宅地建物の所在地

水害ハザードマップの有無	洪水		雨水出水（内水）		高潮	
	有	無	有	無	有	無
水害ハザードマップにおける宅地建物の所在地						

12　石綿使用調査の内容

石綿使用調査結果の記録の有無	有	無
石綿使用調査の内容		

13 耐震診断の内容

耐震診断の有無	有	無
耐震診断の内容		

14 住宅性能評価を受けた新築住宅である場合

登録住宅性能評価機関による住宅性能評価書の交付の有無	有	無
登録住宅性能評価機関による住宅性能評価書の交付	設計住宅性能評価書	
	建設住宅性能評価書	

（第六面）

Ⅰ　取引条件に関する事項

1　代金及び交換差金以外に授受される金額

	金　　額	授　受　の　目　的
1		
2		
3		
4		

2　契約の解除に関する事項

3　損害賠償額の予定又は違約金に関する事項

4　手付金等の保全措置の概要（業者が自ら売主の場合）

（1）未完成物件の場合

保全の方式	保証委託契約（法第41条第1項第1号）・保証保険契約（法第41条第1項第2号）
保全措置を行う機　　　　　関	

（2）完成物件の場合

保全の方式	保証委託契約（法第41条第1項第1号）・保証保険契約（法第41条第1項第2号）・手付金等寄託契約及び質権設定契約（法第41条の2第1項）
保全措置を行う機　　　　　関	

（第七面）

5　支払金又は預り金の保全措置の概要

保全措置を講ずるかどうか	講ずる・講じない
保全措置を行う機関	

6　金銭の貸借のあっせん

業者による金銭貸借のあっせんの有無		有　・　無
あっせんの内容	融資取扱金融機関	
	融資額	
	融資期間	
	利率	
	返済方法	
	保証料	
	ローン事務手数料	
	その他	
金銭の貸借が成立しないときの措置		

7　担保責任（当該宅地又は建物が種類又は品質に関して契約の内容に適合しない場合におけるその不適合を担保すべき責任）の履行に関する措置の概要

担保責任の履行に関する措置を講ずるかどうか	講ずる・講じない
担保責任の履行に関する措置の内容	

8　割賦販売に係る事項

現金販売価格			円
割賦販売価格			円
		支払時期	支払方法
うち引渡しまでに支払う金銭	円		
賦払金の額	円		

（第八面）

Ⅲ　その他の事項

1　供託所等に関する説明（法第35条の2）

（1）　宅地建物取引業保証協会の社員でない場合

営業保証金を供託した供託所及びその所在地	

（2）　宅地建物取引業保証協会の社員の場合

宅地建物取引業保証協会	名　　　称	
	住　　　所	
	事務所の所在地	
弁済業務保証金を供託した供託所及びその所在地		

参考法令等

記載要領

① Ⅰの1について

「所有権に係る権利に関する事項」の欄には、買戻しの特約、各種仮登記、差押え等、登記記録の権利部（甲区）に記録された所有権に係る各種の登記事項を記載すること。

② Ⅰの2の（1）について

「用途地域名」の欄には、第一種低層住居専用地域、第二種低層住居専用地域、第一種中高層住居専用地域、第二種中高層住居専用地域、第一種住居地域、第二種住居地域、準住居地域、近隣商業地域、商業地域、準工業地域、工業地域又は工業専用地域のいずれかに該当する場合にはその地域名を記入し、「制限の内容」の欄には、建築物の用途制限、道路斜線制限、隣地斜線制限、日影制限等の制限の内容を記入すること。

③ Ⅰの2の（2）について

「法令名」の欄には下記から該当する法律名を「制限の概要」の欄にはその法律に基づく制限の概要を記入すること。

（注）数字は、宅地建物取引業法施行令第3条第1項各号に掲げる法令それぞれの各号の番号であるので法令のどの条項が説明事項であるか確認すること。

3	古都保存法	8	旧市街地改造法（旧防災建築街区造成法において準用する場合に限る。）	17の2	マンションの建替え等の円滑化に関する法律	26	全国新幹線鉄道整備法
4	都市緑地法					27	土地収用法
5	生産緑地法			18の3	近畿圏の保全区域の整備に関する法律	28	文化財保護法
5の2	特定空港周辺特別措置法	11	流通業務市街地整備法			29	航空法（自衛隊法において準用する場合を含む。）
5の3	景観法	12	都市再開発法	18の4	都市の低炭素化の促進に関する法律		
6	土地区画整理法	12の2	沿道整備法			30	国土利用計画法
6の2	大都市地域における住宅及び住宅地の供給の促進に関する特別措置法	12の3	集落地域整備法	18の5	下水道法	30の2	核原料物質、核燃料物質及び原子炉の規制に関する法律
		12の4	密集市街地における防災街区の整備の促進に関する法律	19	河川法		
				19の2	特定都市河川浸水被害対策法		
6の3	地方拠点都市地域の整備及び産業業務施設の再配置の促進に関する法律	12の5	地域における歴史的風致の維持及び向上に関する法律	20	海岸法	31	廃棄物の処理及び清掃に関する法律
				20の2	津波防災地域づくりに関する法律		
						32	土壌汚染対策法
6の4	被災市街地復興特別措置法	13	港湾法	21	砂防法	33	都市再生特別措置法
		14	住宅地区改良法	22	地すべり等防止法	33の2	地域再生法
7	新住宅市街地開発法	15	公有地拡大推進法	23	急傾斜地法	34	高齢者、障害者等の移動等の円滑化の促進に関する法律
7の2	新都市基盤整備法	16	農地法	23の2	土砂災害防止対策推進法		
		17	宅地造成等規制法				

④　Ｉの３について

　　略図等をもって説明する方が説明しやすい場合には、「備考」の欄にその略図等を記すこと。

⑤　Ｉの４について

　イ　「施設の整備予定」の欄の「排水」の項のかっこ書には、整備が予定されている施設の種別を記すこと。

　ロ　負担金の額が概算額である場合には、その旨を「備考」の欄に記すこと。

⑥　各欄とも記入事項が多い場合には、必要に応じて別紙に記入しそれを添付するとともに、該当部分を明示してその旨を記すこと。

〔以下書式略〕

改訂版
不動産取引における重要事項説明の要点解説
実務叢書 わかりやすい不動産の適正取引シリーズ

2019年 8 月30日　第 1 版第 1 刷発行
2023年 2 月10日　第 2 版第 2 刷発行

編　著　　（一財）不動産適正取引推進機構
　　　　　　（略称：ＲＥＴＩＯ）

発行者　　箕　浦　文　夫
発行所　　株式会社大成出版社

〒 156—0042
東京都世田谷区羽根木 1 — 7 —11　　TEL 03（3321）4131㈹
https://www.taisei-shuppan.co.jp/

ISBN978-4-8028-3446-9

（実務叢書） （わかりやすい）

不動産の適正取引 シリーズ

（一財）不動産適正取引推進機構 編集

【実務叢書 発刊の趣旨】

- 近年の宅地建物取引業法に関する法令改正、裁判例の蓄積等に伴い、宅地建物取引業者、宅地建物取引士等に求められる知識、ノウハウが大幅に増加しています。
- 本実務叢書は、このような状況の中にあっても、宅地建物取引業者、宅地建物取引士等が、所要の知識等を身に着けて、不動産の適正取引を行うことができるよう、バランスの取れた知識等を、わかりやすい形で、普及することを目的に企画されたものです。
- 消費者の方々や不動産取引に関心のある方々等に役に立つものになることも、留意しています。
- 本実務叢書が、我が国における不動産の適正取引のさらなる推進や宅地建物取引業の信頼産業としての地位のさらなる確立に、役立つものになれば、幸いです。

＜刊行（予定）順。その他、今後、新たな企画・刊行も予定＞